부자학 강의

대한민국 제1교양

부자학 강의

한동철 지음

21세기북스

부자와 빈자 모두를 위한 학문, 부자학

전 세계적으로 부자가 그렇지 않은 사람보다 몇 년 더 산다고 한다. 또 남성보다는 여성이, 좋은 일을 하는 사람이 그렇지 않은 이보다 몇 년을 더 산다.

좋은 일을 하면 면역력이 강해져서 오래 살고(슈바이처 효과), 나쁜 일을 하면 집 안에 죽음의 그림자가 드리운다(사탄 효과). 좋은 일을 하고 칭송을 받으면서 세상을 떠난 부자들은 사후 수십 년이 흘러도 칭찬을 받고(경주 최부자 집, 유일한 박사), 나쁜 일을 하고 부자가 되면 전시가 아니라 평상시에도 여러 가지 불미스러운 일로 인해 자녀들이 부모보다 세상을 먼저 떠난다(죄의 삯은 목숨인 셈이다).

과거에 수백 명을 대상으로 부자에 관한 설문조사를 한 적이 있다. 두 가지를 물어보았는데, "귀하는 부자가 되고 싶습니까?"라는 질문에 단 한 사람만 제외한 모두가 '그렇다'라고 대답했다(친부자 욕구). "귀하의 자녀들이 부자가 되기를 원하십니까?"라는 질문에는 단 두 사람만 제외하고는 모두 '그렇다'라고 응답했다.

그럼에도 불구하고 우리나라 국민의 상당수는 부자에 대해 나쁜 인식을 가지고 있다. 신문과 뉴스에 단골로 나오는 '좋지 못한 부자'들은 국민들이 부자에 대해 부정적인 인상을 가지게 만든다.

누구나 부자가 되고 싶어 하는 반면, 많은 사람들이 부자를 욕한다. 이는 매우 모순된 상황이다.

내가 만든 선악후선설先惡後善說이란 개념은, 부자가 되는 과정에서는 악한 일을 저지르기 쉽지만 부자로 사는 과정에서는 선해질 수도 있다는 뜻이다. 현재의 부자 중 거의 대부분이 정당하지 않은 방법으로 부자가 되었다는, 알고 싶지 않은 이 사실은 부자가 아닌 이들에게 깊은 좌절을 안겨준다. 인간으로서 최악의 악행들(고소득자의 의도적 탈세, 불량식품 제조 및 유통, 법인재산 횡령 및 유용)을 저질렀다면 중형에 처하는 것이 마땅한데 우리나라의 법은 '부자에게는 너무나 관대'하다. 그렇다고 해도 악마의 행위로 부자가 된 사람은 자기 자신까지 속이지 못한다. 여기에서 오는 죄악감과 스트레스를 이기지 못한 부자들은 술과 향락에 젖어들기도 한다.

중국은 더러운 방식으로 부자가 된 사람들이 급격히 늘어나자 그들에게 사형을 포함한 엄벌을 가했다. 그 결과 부자가 되려는 과정에서 저지르는 각종 범죄가 줄었다고 한다. 일부에서는 그 바람에 중국 부자의 평균수명이 40이 채 되지 않는다고 주장하기도 한다.

나는 우리 사회가 정당하고 깨끗한 방식으로도 부자가 될 수 있는 곳이 되기를 원한다. 현재 우리나라는 산업화와 민주화를 거쳐 부자화 단계를 지나고 있다. 개인이 편한 삶을 누릴 수 있는 상태인 부자화를 지향하고 있는 것이다.

나는 부자에 대한 올바른 인식을 가지게 하려는 목적에서 2004년에 국내 최초로 '부자학'이란 과목을 개설했다. 그 후 많은 사회적 반향이 있었고, 현재는 전국의 여러 대학들이 부자학을 개설하고 있다. 사회에도 '부자학'이라는 단어가 어느 정도 알려졌다.

부자학은 이론과 현실을 모두 포함하고, 부자와 빈자 모두를 위하는 토종 학문이다. 또한 부자학은 비영리, 비정치, 비종교라는 원칙 하에서 발전하고 있다.

이 책은 '부자학의 관점에서through the eyes of affluent studies'이 세상의 기존 현상들을 새롭게 해석하고, 이 세상에 알려지지 않은 새로운 개념들과 원리들을 알리기 위해 집필되었다.

부자학이 개설되지 않은 대학의 많은 학생들이 그 내용을 궁금해하고, 더 나아가서 국민 전체가 부자학에 호기심을 가지고 있는 상황이다. 나는 우리나라 국민들이 부자에 대한 비교적 객관적이고 공정한 생각을 가졌으면 하는 바람에서 전 국민을 상대로 하는 교양서적의 집필을 계획했다.

이 책의 목적은 부자학의 이론적인 토대를 마련하고, 현실에서 살아가는 사람들이 믿고 따를 수 있는 원칙을 제공하는 데 있다. 독자들은 책의 내용을 바탕으로 이 세상의 많은 현상들을 분석해보고 이해할 수 있을 것이다. 또한 신문과 방송에 자주 등장하며 온 국민의 주요 관심사인 다양한 현실 이슈들에 대한 나의 부자학적 논점들을 제시했다. 여러분이 얼마나 동의를 하든 혹은 부정하든 간에 '새로운 시각에서의 현실 문제 분석'이라는 명목 아래 학문과 현실의 교집합을 강화해보려고 노력했다.

이 책은 크게 네 가지 측면에서 부자학을 설명한다. 부자학의 기본 개념, 부자학의 미시적 측면, 부자학의 거시적 측면, 부자학의 현장 측면이 그것이다. 부자학의 기본에서는 부자학의 개념과 필요성, 부자의 기본적인 정의, 부자의 행복과 만족을 주로 다룬다. 부자학의 미시적 측면은 부자를 개인으로 보는 관점으로서 부자 지향 성향, 부자가 되기 위한 과정, 부자와 종교 등에 대해서 알아본다. 부자학의 거시적 측면은 부자를 개인을 넘어서는 보다 큰 차원에서 보는 관점으로 부자 공헌, 부자 실패, 부자 권력, 부자 시민 행동, 부자와 사회 등 다양한 주제들을 다룬다. 부자학의 현장 측면에서는 주택 문제, 가계 빚 문제, 실업 문제, 세금 문제 등을 살펴본다.

온 국민이 부자 국가의 부자 시민으로 나아가는 데 이 책이 조금이라도 보탬이 되었으면 한다.

＊ 이 저서는 2011학년도 서울여대 사회과학연구소 교내학술연구비의 지원을 받았다.

CONTENTS

PART 2
부자의 모든 것

PART 3
부자와 사회 그리고 국가

PART 4
대한민국의 부자들

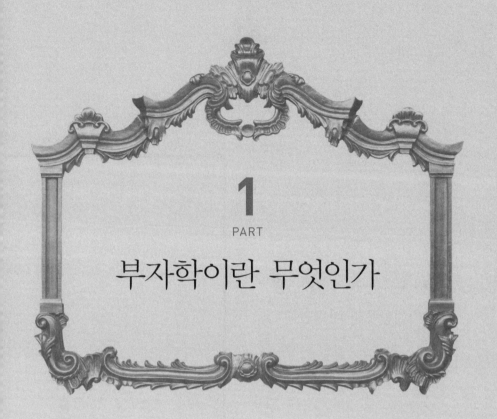

1
PART

부자학이란 무엇인가

01
부자학의 정의와 가치

가치활용과 사회만족

부자학affluent studies은 크게 가치활용value utilization과 사회만족social satisfaction으로 정의 내릴 수 있다. 두 개 단어의 조합들로 부자학을 정의한 이유는 이러한 간단한 표현이 복잡한 현상을 이해하는 데 도움이 될 수 있다고 생각해서다.

가치활용이란 이 세상에 없는 새로운 것을 만들어서 활용하는 것을 의미한다. 구체적으로 말하자면, 가치활용에는 기존에 창조된 가치의 활용 및 새로운 용도 개발, 새로운 무언가를 창조해 선용하는 것 등이 포함된다.

사회만족이란 전체 구성원들이 만족할 수 있도록 사회를 만들어가는 것을 의미한다. 사회만족의 구체적인 내용들에는 가치활용을 통해서 사회 전체에 바람직한 일들을 수행하는 것, 사회 구성원들에게 이득을 제공하는 것, 보다 나은 사회를 만들어줄 제도나 시스템을 개발하는 것 등이 포함된다.

〈포브스〉가 발표한 '2012년 세계 갑부 순위' 1위인 멕시코의 카를로스 슬림은 80조 원이 넘는 재산을 가지고 있다. 그는 자신이 가진 막대한 돈으로 본인이 원하는 많은 것들을 수행할 수 있을 것이다. 하지만 나는 세계 최고의 부자인 슬림에게도 돈으로 얻을 수 없는 것들이 너무나 많을 것이라고 생각한다. 아무리 부자라도 가까운 이웃의 '죽은 목숨'을 되살릴 수 없다. 또 물질만으로는 진정한 사랑, 사회적인 존중, 애국심을 얻기 힘들다. 이 세상에는 물질로도 얻을 수 없는 게 많다는 사실을 깨달으면, 물질의 근원인 정신의 중요성을 이해하게 된다. 또한 슬림은, 우리가 살고 있는 사회는 정신과 물질의 균형에 의해 돌아가고 있음을 깨달았을 것이다. 이 세상에서 가장 많은 물질을 가진 사람은 물질에 대한 고민이 가장 많은 사람이기도 하다.

부자학은 물질의 좁은 테두리를 벗어나 새로운 가치의 활용과 이를 통한 사회의 만족이라는 폭넓은 관점에서 세상을 이해하려고 시도한다.

기본적으로 학문이란 학교에서 연구하고 가르치고 있으면 성립한다. 본질적으로 이 세상의 어떠한 학문도 인간의 생활에 유용하기 때문에 존재한다고 볼 수 있다. 우리 인류의 존속과 번영에 도움이 되지 않는 학문은 지속적으로 연구할 필요가 별로 없다.

노랑초파리 실험을 통해서 태생하고 확산된 현대유전학은 과학기술 발전의 견인차 역할을 해왔다. 또 이를 통해서 거대한 부가 다시 탄생되고 있다. 부자 선진국은 발전을 기획하고 투자하면서 점점 더 커지고, 부자 후진국은 자기도 모르는 사이에 밀려나고 있다. 나는 가치활용과 사회만족을 앞서서 주장하는 부자학이 부자 국가의 기틀을 마련한 우리나라가 미래의 진정한 부자 선진국이 되는 데 공헌할 수 있다고 굳게 믿는다.

왜 부자학인가

혼자서는 부자가 될 수 없다

독서광인 빌 게이츠는 거의 매일 최소 한 시간 이상씩 독서를 한다고 한다. "하버드대학교의 졸업장보다 더 소중한 것이 독서 습관"이라는 그의 말은 세간에도 잘 알려져 있다.

전설적인 부자였던 철강왕 카네기에게서 부자의 법칙을 발견해달라는 요청을 받은 나폴레온 힐은 에디슨이나 슈왑 같은 부자들의 인생을 연구했다. 그가 발견한 부자의 가장 중요한 조건은 바로 '생각'이었다.

부자들의 행동 패턴과 생각의 흐름을 이해하는 일은 매우 중요하다. 그들의 말과 생각에서 새로운 개념들을 발굴해서 유용한 체계를 만들어나갈 수 있기 때문이다. 나는 부자와의 대화 중 새로운 개념들을 터득했고(앞으로 소개할 선악후선설, 부자 시민 행동 등이 그 예다), 내 나름대로의 사고 훈련을 거쳐 이들 개념 간의 연결고리를 찾아냈다.

공부야 혼자서도 충분히 가능하고 혹 미진한 부분이 있으면 뛰어난 스승들에게 배우면 되지만 부자는 그렇지 않다. 자신이 아무리 뛰어나도 사회의 인정을 받지 못하면 부자가 될 수 없다. 다른 사람들의 돈이 내 수중에 들어와야 하기 때문이다. 즉, 사회의 여러 방면으로부터 지원을 받아야 부자가 될 수 있다. 절대로 혼자서는 될 수 없는 것이 부자다.

상속형 부자들의 경우, 보통 부모를 잘 만나면 된다고 하지만 그 부모의 재산 또한 사회적 지원의 합작품이다. 따라서 아무리 자신의 재산이라고 해도 부모는 그 모든 것을 자녀에게 넘겨줄 수 없다. 사회에 진 빚을 사망세라는 이름의 상속세나 증여세로 납부해야만 비로소 자녀에게 물려줄 수 있는 것이다.

내가 만나본 많은 부자들에게서 공통적으로 발견되는 점은 그들의 생각이 보통 사람들과는 다르다는 것이다. 나는 보통 사람과 부자가 어떻게 다른가를 고찰하고 새로운 법칙을 만들었다. 이것은 독자들에게 지적인 신선함을 줄 수 있을 것이다. 세계의 흐름을 창조하는 사회 변화 리더형 부자들의 숨은 가치를 배우는 것은 지식적으로 참신하면서도 유용한 일이다. 앞으로 부자학이라는 학문이 점점 더 발전하면 여러분은 보다 더 깊고 넓은 사유의 바다에서 헤엄칠 수 있을 것이다.

새로운 부자의 길

부자학에 대한 국민들의 지식이 향상될수록 우리 사회는 더욱더 올바른 부자화 사회affluentization society가 될 가능성이 높다. 부자학을 연구하고 공부하는 모든 사람은 부자학의 지식을 현실에 선택, 적용하며 스스로 부자의 길로 들어서게 될 것이다.

"매일 새로운 변화를 시도하라는 어느 분의 권유 덕분에 저는 부자가 될 수 있었습니다."

1300원을 가지고 시작했으나 현재 100억 원이 넘는 재산을 모은 어느 사장은 이렇게 말했다. 매일 변화하라는 조언에 따라 자신의 생각을 끊임없이 바꾸어온 덕택에 남들이 찾지 못한 새로운 길을 발견할 수 있었다는 것이다.

새로운 기회를 즉시에 포착하고, 이것이 불균형 상태일 때 대규모 투자와 노력을 쏟아야 비로소 부자가 될 수 있다. 균형 상태에서는 누구도 혜택을 얻기가 힘들다. 그러나 불균형 상태일 때는 누구는 이득을, 누구는 손해를 본다. 일부 부자들이 욕을 먹는 이유 중의 하나는 자기만 알고 있었던 정보의 불균형을 악용한 데 있다. 이를테면 '특정 지역의 재개발 정보'를 아는 사람으로부터 남들 몰래 빼내고는 거기에 선투자를 해 부자가 되는 식이다. 정부가 재개발 지역을 발표해 누구나 정보를 공평하게 획득했다고 생각해보자. 이러한 정보의 균형 상태에서는 이윤 획득이 쉽지 않다. 하지만 정보 불균형 상태에서는 쉽게 이득을 챙길 수 있다.

부자학은 이런 악한 정보 획득의 방법을 가르쳐주는 학문이 아니다. 현실에 존재하는 부자들이 과거에 어떻게 해왔는가를 반추하여 스스로 공부하고 지금껏 발견되지 않은 새로운 부자의 길을 찾도록 유도하는 학문이다. 모든 깨달음이 여러분을 금방 부의 길로 인도하지는 못하겠지만, 여러분에게 새로운 기회를 제공할 수는 있을 것이다.

지식은 책을 통해서 골고루 분배될 수 있다. 생에 대한 열정을 가지고 부자가 되고자 하는 꿈을 끝까지 잃지 않으면 여러분도 언젠가는 단맛을 느낄 수 있을 것이다.

02
부자, 그들은 누구인가

부자에도 종류가 있다

나는 지금 부자인 사람은 '현재 부자', 현재는 부자가 아니나 앞으로 그렇게 될 가능성이 있는 사람은 '미래 부자'라고 규정하고자 한다. 누구든 미래에 부자가 될 가능성이 있다고 생각해서다.

부자는 '정신적으로 자신이 하고 싶은 일을 하고, 물질적으로 그 일을 할 수 있을 정도의 여유가 있고, 사회적으로 자신이 하는 일을 통해 인정받는 사람'이라고 정의할 수 있다. 한마디로 부자는 정신적으로 풍요하고, 안락한 생활을 하면서, 이타적인 사회 활동을 수행하는 사람이다. 수백 가지의 다른 정의들도 가능하겠지만, 이와 같이 부자를 정의하는 이유는 부자학의 기본 요소를 담고 있어서다.

앞에서 살펴본 정의에 따르면, 부자는 크게 세 가지로 구분된다. 정신부자, 물질부자, 사회부자가 그것이다. 이 세 가지에 모두 해당된다면 '참부자'라고 표현할 수 있다. 또 이 세 가지 중에서 어느 한 가지나 두 가지에 포함된다면 그 사람은 '부자'이다.

미국의 건국 영웅들은 신을 믿는 일과 달러를 버는 일의 가치를 동일하게 보았다. 다시 말해 그들은 부자의 정신적인 측면spirit과 물질적인 측면wealth이 모두 다 중요하다는 사실을 알고 있었다.

우리나라에서 참부자라고 지칭할 수 있는 사람은 경주 최부자 집, 백선행, 김만덕, 유일한 박사, 간송 전형필 선생 정도이다. 이들의 공통점은 부자로서의 가치관이 뚜렷했고, 물질적인 풍요를 획득하는 창조적인 방법을 터득했으며, 사회를 위한 봉사를 생의 목표로 확립했다는 것이다.

정신적인 부자로는 법정 스님, 한경직 목사, 김수환 추기경 등을 들 수 있다. 물질적인 부자로는 총재산이 30억 원 이상인 이 땅의 30여 만 명이 논의될 수 있다. 사회적인 부자에는 김밥 할머니처럼 사회봉사를 업으로 여기는 사람들이 포함된다.

부자학은 '정신적 행복, 물질적 풍요, 사회적 만족'을 추구하는 학문이다. 다음에서 부자의 정신적 측면, 물질적 측면, 사회적 측면을 살펴보자.

부자의 조건 1: 정신적 행복

부자는 정신적인 혁명을 통해서 스스로 원하는 것을 찾아가는 과정에 있는 사람이다. 정신의 위력이 물질을 불러들이고 동시에 물질을 통제한다. 부자란 정신적인 분야에서 시작하여 물질로 둑을 쌓고 사회에 그 물질을 흘려보내야 한다. 즉, 완전히 분리할 수 없는 정신과 물질을 제대로 다룰 수 있는 사람이 부자다.

부자란 꿈을 가지고서 그 꿈을 현실화시키는 사람이다. 그는 자신이 꿈꾸는 새로운 것들을 찾아내면서 자신이 좋아하는 일을 정열적으로 하고 그 일에서 보람을 찾는다.

종이가 필요 없는 세상paperless society을 만들겠다는 꿈을 위해 발 벗고 나선 빌 게이츠는 부자가 되었다. 병마와 싸우는 환자들이 병석에서 일어나게 하겠다는 꿈(건강한 사회)을 위해 혼신의 노력을 쏟아부었던 유일한 박사도 부자가 되었다. 그 밖에도 뇌물을 주지 않고도 기업을 일구어갈 수 있음을 보여주겠다(뇌물 없는 사회), 부모님의 유지를 받들어 학생들에게 좋은 책을 나누어 주겠다(책 읽는 사회) 등의 꿈을 가지고서 부자가 된 이들이 있다.

"왜 부자가 되려고 했습니까?"

가맹점 수백 개를 지닌 어느 기업체의 대표이사에게 내가 물었다. 그의 답은 인상 깊었다.

"어린이들을 위한 100만 평 규모의 커다란 동산을 세우려고 합니다. 그 안에서 어린이들이 새로운 꿈을 가질 수 있도록 만들고 싶습니다."

리어카에서 토스트를 구워 팔던 때를 회상하면서 그는 이렇게 말했다.

하지만 꼭 남을 위한 꿈을 꾸어야만 하는 것은 아니다. 사회 번영이라는 거창한 꿈이 아닌 나 자신의 안락함을 위한 소박한 꿈을 꾸어도 부자가 될 수 있다.

"전라도에서 혼자 야간열차를 훔쳐 타고 서울에 왔습니다. 첫날밤에 헌 우산을 주워 쓰레기통 옆에서 자면서 나도 내 집을 가지고 편안하게 살고 싶다는 꿈을 가졌습니다. 비록 오늘은 노숙을 하지만, 언젠가는 꼭 큰 집에서 잠을 자고 싶다는 꿈을 꾸고 또 꾸었습니다."

그 후 이분은 10여 개의 직업을 전전하면서 부자 동네에 위치한 500평이 넘는 저택을 소유하게 되었다.

"엄마가 돌아가시고 혼자 남은 제가 할 수 있는 일은 남의 집 식모밖에 없었습니다. 그때 나도 언젠가는 번듯한 사모님이 되겠다는 꿈을 꾸었습니다. 남의 집 마루를 걸레로 닦으면서도 내 꿈을 계속 간직했습니다. 저는 119 구급차 운전사와 일식집 찬모를 거쳐 부동산을 시작했습니다."

경상도가 고향인 50대의 한 여성은 결국 기사가 모는 대형차의 주인이 되었다.

이처럼 자신이 보고 싶은 미래, 가지고 싶은 미래를 위해서 온 정신을 집중하는 것이 부자의 길이다.

"돌아가신 저희 회장님은 손가락을 책상 끝에 대시더니 이렇게 말씀하셨습니다. 손가락을 밀어서 책상에 그냥 들어갈 정도로 고생을 해야 부자가 된다고 말입니다."

재벌그룹의 창업주는 불가능한 일은 없다고 믿고 정열적으로 일을 밀어붙여야 부자의 길이 열린다는 사실을 간파한 것이다.

책과 비디오를 무조건 한 시간 안에 배달한다는 아이디어로 아마존과 스타벅스에서 2억 5000만 달러를 투자받은 한국계 미국인 조지프 백은 28살에 사업을 시작했다. 그는 "사업의 목적이 돈이 아니고 성취감"이라고 말했다. 그는 물건을 배달하는 과정에서 교통사고가 나도 다른 사람이 이어받아 배달하게 함으로써 시간 약속을 엄격하게 지켰다.

자녀들에게 유산을 물려주지 않기로 결정한 아버지를 존경한다는 워렌 버핏의 막내딸은 아버지로부터 정직함과 성실함을 배웠다고 고백한 바 있다. 전 세계에서 가장 부유한 민족인 유태인들은 반드시 자녀를 직접 가르친다고 한다. 자신들의 혼을 자녀들에게 주입시키려는 것이다. 중국에서 4대까지 유지되는 부자 가문의 비율은 1퍼센트도 채 되지 않는다고 한다. 그런데 4대 이상 유지되는 부자 가문들은 전부 자신들이 운영하는 기업의 핵심 가치를 자손들이 온전히 알고 있다고 한다.

정신은 부자가 되는 데 매우 중요하게 작용한다. 실제로 사람은 손발이 떨어져 나가도 살 수 있으나 정신은 3초만 나가도 생명을 잃는다. 올바른 정신이 부자학의 핵심임을 기억하자. 단순히 폼만 잡는 상속 부자는 진짜 부자가 아니다. 정신은 어떻게 부유한 위치에

다다를지를 가르쳐주는 좋은 나침반이 된다. 항상 정신을 날카롭게 가다듬는 여러분이 되기를 바란다.

부자의 조건 2: 물질적 풍요

인류 역사상 존재했던 모든 부자들의 재산을 현재의 화폐가치로 환산해서 순위를 매기면 어떤 결과가 나올까. 1위는 300조 원이 훨씬 넘는 돈을 가졌던 미국의 석유 재벌인 록펠러이다. 그 다음으로 2위는 앤드루 카네기, 3위는 러시아 황제 니콜라스 2세다.

록펠러는 1937년 죽기 전에 미국 전체 경제의 약 1.53퍼센트를 차지했다. 또 인류 역사상 네 번째 부자인 밴더빌트는 선박과 철도 사업으로 1877년 사망하기 전에 미국 전체 경제의 약 1.15퍼센트를 점유했다. 부자 순위 20위인 빌 게이츠는 1998년 미국 전체 경제의 약 0.58퍼센트를 차지했다.

역사상 최고의 부자인 록펠러는 미국의 석유산업을 90퍼센트 이상 독점하면서도 온갖 더러운 방법들을 사용해서 돈을 벌고 또 벌었다. 루스벨트 대통령은 록펠러가 아무리 좋은 일을 많이 했다고 해도 그가 생전에 지은 악행은 다 갚을 수 없다고 말한 바 있다. 록펠러는 자신이 가진 재산 중의 극히 일부를 가난한 사람들에게 그냥 주겠다고 한 적이 있다. 그런데 가난한 사람들은 아무런 조건 없는 록펠러의 돈을 거절했다. 나쁜 짓을 해서 번 돈을 받고 싶지 않다는 이유에서였다.

록펠러는 그 일로 엄청난 쇼크를 받았고, 목사를 찾아가 상의를 했다. 그 후 완전히 변한 그는 자신이 가진 재산의 대부분을 수많은 곳에 기부했다.

사실 돈의 액수는 별로 중요하지 않다. 그저 편안한 생활을 할 수 있을 정도의 물질을 가지고서 정신적으로 풍요롭고 사회적으로 온전하면 부자라고 할 수 있다.

그렇다면 편안한 생활을 유지하는 데는 얼마만큼의 돈이 필요할까? 미국 기준으로는 약 20억 원이라고 한다. 자녀가 둘인 4인 가족이 맞벌이하면서 연봉 1억 원을 받고, 20억 원의 투자수익이 약 1억원 나오면 1년에 2억 원이 생긴다. 그러면 물질적으로 편안할 수 있다고 한다. 우리나라에서는 보통 30억 원이 있어야 편안한 생활을 할 수 있다고 본다. 부부가 맞벌이하는 경우가 별로 많지 않기에, 남편 혼자서 연봉 1억 원을 받고, 30억 원의 투자수익이 1억 원 이상이 되면 한 해에 2억 원을 벌 수 있는 것이다. 이 정도가 되면 사람들은 물질이 충분하다고 생각한다.

손에 쥐고 있는 현찰이 없어도 물질적인 부자로 간주될 수 있는 방식은 여러 가지다. 예를 들어 닭을 100만 마리 키우고 있거나, PC방을 서너 개 운영하고 있거나, 발명을 1년에 몇 개씩 하면 부자라고 볼 수 있다.

서민들이 물질적인 측면에서 부자가 되는 데 가장 큰 장애 요인으로 작용하는 것은 주거비와 교육비다. 아무리 가장의 월급이 늘어나고 절약을 해도 높은 주거비와 교육비로 인해 허덕일 수밖에 없다. 게다가 매년 물가가 오르니 부자의 길로 점프하지 못하는 것이다.

현재 부자가 아닌 사람들은 물질적인 측면에서 부자가 될 수 있는 길들을 찾아서 과감하고 결단력 있게 뛰어넘어야 한다. 집을 사기가 너무 힘들 것 같으면 여러 명이 집 하나를 공동 매입해서 같이 사는 방법이 현실적이다. 한 집에서 삼형제의 식구들이 모여 살며 집값 문제를 해결하려고 노력해야 한다. 그런데 '같이 모여 사는 방법'을 활용해보라고 하면 결혼한 많은 이들이 부인 눈치를 보는 경우가 많다. 남자들은 어떻게 해도 같이 살 수 있는데(형제나 처남 혹은 조카들이므로), 여성들은 살림이 섞이는 것을 꺼리는 경향이 많다. 그렇다고 해도 부자가 되려면 '하고 싶지 않은 것'을 해내는 노력이 필요하다. 자신이 하고 싶은 일들을 모두 다 하면서 부자가 되는 길은 이 세상에 거의 존재하지 않는다.

주거비 다음으로는 교육비라는 걸림돌을 해결해야 한다. 사교육비를 줄이기 위해서는 부모가 자녀들을 번갈아가면서 가르치는 게 좋다. 그런데 많은 경우 "어떻게 내 자식을 내가 가르치는가?"라며 거부감을 표출한다. 부자가 되려는 마음가짐이 충분하지 않은 것이다.

2006년 기준으로, 우리나라의 사교육비 지출 비율은 OECD 평균인 0.8퍼센트의 3배가 넘는 2.9퍼센트였다.

꼭 부자가 되고 말겠다고 결심했다면 그에 합당한 노력을 해야 한다. 지금의 편안함을 그대로 누리면서 미래에 부자가 되겠다는 생각은 문제가 있다. 현재의 장애들을 극복하겠다는 결심을 행동에 옮기지 않으면서 그저 부자가 되고 싶은 마음만 바쁘게 가지는 것은 좋은 자세라고 할 수 없다.

부자의 조건 3: 사회적 만족

부자는 사회적으로 남들의 눈길을 끌어당기는 사람이다. "저분이 가진 재산이 꽤 많다던데" 하는 말이 나돌면 그 사람은 동네 혹은 직장에서 주목받는 대상이 된다. 만약 동네에서 돈을 벌었다면 "내가 저 집에서 물건을 얼마나 팔아줬는데" 하는 동네 주민들의 기대 심리가 작용한다. 내가 가서 사준 물건 값이 얼마인가 하고 셈을 해보면서 부자가 재산을 모으는 데 자신이 일조했다는 생각을 지니게 된다.

전국적으로 사업을 벌여 부의 길에 들어선 부자에게도 주위 사람들은 비슷한 감정을 느낀다. 우리나라 사람들을 대상으로 물건을 팔아 돈을 벌었다면, 사회를 위해 좋은 일을 하라며 손을 벌리는 이들을 많이 만나게 될 것이다.

그렇다고 해서 그런 사람들을 나 몰라라 해서는 안 된다. 물론 자신의 노력이 상당 부분 작용했겠지만 사회가 도와줬기에 부자가 될 수 있었음을 잊지 말아야 한다. 내가 가진 것 중의 수십 퍼센트, 아니면 적어도 10퍼센트 혹은 5퍼센트를 사회에 베풀 줄 아는 사람이 진짜 부자이다.

1975년에 1500달러를 가지고 사업을 시작한 빌 게이츠는 1990년 대에 미국에서 재산세를 가장 많이 냈다. 유태계 출신으로서 하버드 대학교를 중퇴한 이후 온 정성을 들여 새로운 가치를 만들어낸 것이 빛을 보았기 때문이다. 물론 미국 사회복지계의 대모였던 어머니의 후광을 입어서 영업하기가 상당히 쉬웠다는 이야기도 있고, 탐욕으로 창업 동지를 내몰려고 했다는 주장이 있기도 하다. 또한 빌 게이츠는 독점으로 인해 고소당했던 적도 있다. 그러나 그는 창조적 사회사업가로 변신하면서 부자의 밝은 면을 보여주는 상징으로 자리 잡았다.

"지게꾼에게 가장 좋은 때가 언제인지 아십니까? 지게를 내려놓고 땀을 닦을 때입니다. 그때가 그렇게 시원합니다."

지게꾼에서 사업가로 변신해서 여러 회사들을 운영하고 있는 어느 회장의 이야기다. 그는 어느 정도 재력을 쌓은 이후에는 사회적으로 봉사하는 삶의 길을 스스로 선택했다.

부자는 의무적으로 사회에 도움을 주어야 한다. 자신이 가진 부의 근원이 사회라는 것이 사회적 의무의 첫 번째 근거이고, 자신의 부를 지켜주는 게 사회라는 것이 사회적 의무의 두 번째 근거이다. 러시아혁명 당시 대부분의 부자들은 곤욕을 치렀다. 그런데 부자였지만 사회를 위해 좋은 일을 많이 한 톨스토이는 폭동의 손길에서 벗어날 수 있었다. 우리나라의 경주 최부자 집도 평소에 사회를 위해 좋은 일을 많이 한 결과 동학혁명군이 부자들을 색출해서 혼을 낼 때도 피해를 입지 않을 수 있었다.

사회를 위하는 것은 부자가 '자신을 보호하는 가장 좋은 방법'이다. 어제 사회를 위해서 한 행동이 내일의 우리 집을 지켜주는 수호신인 셈이다. 그런데 2007년에 코리아리서치가 조사한 바에 의하면 응답자의 84퍼센트가 부자들이 사회봉사를 하지 않는다고 생각한다고 답했다. 부자는 집수리 봉사와 같은 작은 일에서부터 공익신탁을 통한 보다 더 큰 사회 창조형 공헌에 이르기까지 적극적으로 나서야 한다.

노魯나라 환공桓公이 쳐다보던 그릇이라는 '유좌지기宥坐之器'는 가득히 차면 스스로 엎어지고, 적당히 차면 가만히 있고, 비면 기울었다고 한다.

충실한 불교 신자인 어느 훌륭한 부자는 "그릇은 바로 놓아야 물이 많이 담긴다. 그리고 그 물은 흔들리지 말아야 한다"라고 말한 바 있다. 이 말은 감당하기 힘든 물질의 허욕에 가득 차면 스스로 망가지고, 적당히 물질을 가지면 편하게 살 수 있고, 약간 물질이 모자라면 노력하라는 뜻이라고 분석할 수 있다. 아무리 부자라고 해도 정신을 올바르게 해야 물질에 매이지 않을 수 있다.

03
세계의 부자들

지구에는 몇 명의 부자가 살고 있을까

　전 세계 약 70억 인구 중 부자는 1000만 명이 조금 넘는다. 전 세계 인구의 0.2퍼센트도 채 되지 않는 수치다.

　나라별로 살펴보면 미국이 약 450만 명, 일본과 독일이 합해서 300만 명 정도이고, 나머지 유럽 국가들과 한국, 중국에는 각각 수십만 명의 부자들이 있다. 2012년을 기준으로, 전 세계 최고의 부자인 멕시코의 슬림은 80조 원이 넘는 재산을 가지고 있다. 이는 지구상에 존재하는 절반 이상 국가의 1년 GDP를 뛰어넘는 금액이다.

　부자들 중의 대부분은 남성으로 알려져 있고, 전 세계 거부들 중 여성의 비율은 10퍼센트가 채 되지 않는다. 〈포브스〉가 자산 10억 달러 이상을 소유한 거부들 1210명을 발표한 적이 있는데, 그들 중에서 부자 엄마는 78명에 불과했다. 또한 그중에서도 자수성가를 한 사람들은 13명에 불과했다고 한다. 여성 부자의 비율이 적은 주된 이유는 아직도 여성들이 가사에 매진하는 데 있다고 한다. 중국인들이 전 세계 여성 부자들 중에서도 상위에 포진해 있는 것은, 산아제한 정책으로 한 명의 아이만을 낳아 비교적 외부 활동이 자유로워서라고 한다.

만약 사회적 지도자를 부자에 포함시킨다면, 우리는 그들의 이야기를 역사책이나 영웅전에서 얼마든지 찾을 수 있다. 혹은 경제적인 승리자만을 부자라고 본다면, 기업의 성장 배경을 주제로 한 리포트나 창업자의 자서전을 읽고 정보를 얻을 수 있다. 그들에 관한 많은 기록들을 찾아서 읽고 이해하는 것이 부자를 배우는 한 가지 방법이다.

나는 부자를 연구하면서 인류의 역사가 언제나 비슷한 과정을 따라 굴러간다는 사실을 깨달았다. 순식간에 부자의 길에 들어선 사람들은 나태하고 거만해져 나락으로 추락한다. 그 후 새로운 부자들이 등장하는데, 이들은 과거의 부자들보다는 그 정도가 덜하지만 역시 세상을 자신의 뜻대로 움직이려고 한다. 일정 기간이 지나면 사회 전체가 그에게 반격을 가하고, 그는 부자의 지위에서 추락한다. 21세기의 가장 선도적인 부자들이 가진 것을 스스로 내놓아야 사회가 발전한다고 믿고 사회공헌을 하는 것은 이러한 점을 깨달았기 때문이 아닐까.

미국의 부자

미국은 세계 최고의 부국인 동시에 빈곤율이 상당히 높은 나라이다. 선진 시스템이 거의 완벽한 동시에 마약 범죄가 가장 많이 일어나는 나라이기도 하다. 미국은 부의 선한 측면과 악한 측면이 공존하는 부국이다.

미국의 부자는 넓은 미개척지를 누구보다 먼저 개간한 사람들이다. 그들은 한때 흑인 노예들을 착취한 적이 있다. 미국에서 빈자들이 부자들에 대한 반기를 노골적으로 들기 시작했을 때, 부자들이 목사들에게 재산의 일부를 제공하고 추수감사절이라는 절기를 만들었다고 한다.

1900년대 들어 미국에서 또다시 빈부 격차가 커지자 국가에서는 부자들의 재산 대물림에 제동을 걸기 시작했다. 이후 미국에서는 기부의 물결이 널리 퍼졌다. 2000년대에 들어서는 미국 내 많은 부자들이 앞다투어 기부를 하고 있다. 일이 이렇게 되니 미국을 기부 천국으로 보는 이들도 있다. 어쨌든 지금의 현상은 과거 미국의 부자들이 거의 강제에 의해 기부를 하던 것이 이제는 자발적인 행동으로 자리를 잡으면서 생긴 것이다.

부자 국가 미국은 한때 세계경제에서 40퍼센트 이상의 비중을 차지했으나, 최근에는 그 영향력이 20퍼센트대로 떨어졌다. 중국의 초고속 등장과 OECD 국가들의 비중 확대가 그 원인이다.

유럽의 부자

유럽에서는 전통 있는 부자들이 오랫동안 명문 가문을 형성해왔다. 재산규모는 현재의 미국에 비해 평균적으로 떨어지는 면이 있으나, 그래도 충분한 물질을 소유한 유럽의 부자들은 부자로서 멋을 부리면서 평안한 생활을 누려왔다.

유럽 부자들은 1000년이 넘은 동굴로 여행을 하면서 폴로를 즐긴다. 또한 그들은 명품을 즐긴다. 명품 브랜드가 주로 프랑스와 이탈리아에서 탄생한 것은 유럽 부자들의 고매한 취향을 만족시키기 위함이다. 전 세계의 수백 개가 넘는 최고급 명품 브랜드의 오리지널리티는 전부 부자들을 위한 것이다. 전설적으로 내려오는 이야기 중 하나는 침몰한 타이타닉 호에 타고 있던 한 부자 여인이 핸드백과 함께 수장되었는데, 한참 후에 물속에서 꺼낸 핸드백의 속이 전혀 물에 젖지 않았다는 것이다.

유태인들은 2000년 동안 나라 없이 떠돌면서도 막대한 부를 축적해 황제 민족으로 칭송받는다. 그중에서도 1700년대부터 꽃을 피우기 시작한 로스차일드 가문이 유명한데, 이스라엘을 재건하는 데 재정적인 후원을 아끼지 않았던 이 가문은 21세기 현재에도 세계경제를 뒤흔들고 있다. 덧붙여 말하자면 유럽의 부자들은 국가를 지키는 것이 가문의 영광이라고 판단해 자녀들을 전쟁터로 내보낸 사례가 수없이 많다. 이러한 경우를 노블리스 오블리주라고 한다.

동양의 부자

동양의 부자는 주로 일본인 아니면 중국인이다. 자본주의 역사가 수백 년이 넘는 일본은 부자 국가이다. 전 세계 3위의 경제규모를 가진 것에 비해 국민들은 그다지 부유하지 못하지만, 일본은 아직도 전통적인 사무라이 정신 하에서 세계경제계에 영향력을 행사하고 있다.

전국시대 말기 사람인 여불위는 국경을 넘나들며 장사를 해 거금을 모은 대부호이다. 그는 기원전에 중국 최초로 통일 왕조를 건국한 진시황의 실제 아버지이기도 하다. 여불위의 시대 이후 동남아와 아시아 그리고 전 세계가 중국 위안화의 영향을 받고 있다.

중국의 부자는 중화 경제권을 형성하면서 어마어마한 부를 구축했다. 중화 경제권은 유태인 경제권과 더불어 세계 양대 경제권에 속한다. 중국은 수정된 자본주의를 받아들이면서 전 세계 최고의 미래 부자 국가로 발돋움하고 있다.

인도 내에서는 물론 전 세계에서 손가락에 꼽히는 부자인 무케시 암바니 회장은 10억 달러가 넘는 돈을 들여서 집을 지었다. '안틸라'라는 이 세상에서 가장 비싼 1조 원이 넘는 그의 집에는 6000개가 넘는 방과 9개의 엘리베이터가 있다. 안틸라는 호화롭기로 소문난 베르사유 궁전보다 더 크다고 알려져 있다.

한국의 부자

일반적으로 우리나라에서는 가족의 총재산이 30억 원 이상일 경우 부자라고 본다. 총재산이란 부동산, 주식, 현금 등을 모두 포함한 금액이다. 우리나라 부자들의 총재산은 대부분 30억 원에서 100억 원 정도이다. 부자들 중에서도 1000억 원 이상의 재산을 가진 이는 수천 명이 되지 않는다. 100억 원에서 1000억 원 미만의 재산을 가진 부자는 1만 명 정도이다. 약 200억 원의 주식을 가지고 있으면 우리나라에서 2000등 안에 드는 주식 부자라고 할 수 있다. 현찰 100억 원 이상을 가진 사람은 수천 명 정도로 추정된다. 이 숫자는 비밀금고와 차명계좌를 모두 포함한 수치다.

우리나라 부자가 가진 재산의 대부분이 부동산이고, 나머지는 예금, 주식, 펀드, 미술품 등이다. 우리나라의 부동산 총가액은 약 1경 원, 주식 총가액은 1500조 정도, 미술품 총가액은 3조 원 정도이다. 또한 대부분의 부자들은 매월 700만 원에서 5000만 원 사이의 돈을 번다.

또 다른 수치들을 살펴보면, 우리나라 부자는 4~7개의 은행 통장을 가지고 있고, 거래증권사는 2~4개 정도이다. 대여금고는 2~3개이고, 주택에 사는 부자는 지하 비밀금고를 가지고 있으며, 자동차는 2~6대 정도를 보유하고 있다. 또한 1~5개 정도의 신용카드를 보유하고, 의외로 현금서비스를 이용하는 부자가 많다. 이유는 매월 소득을 미리 설정한 곳에 사전 예약형으로 사용하고 나서, 급히 돈이 필요할 때 신용카드로 서비스를 받기 때문이다.

부자는 자수성가형, 전문가형, 상속형으로 나눌 수 있다. 우리나라 부자의 70~80퍼센트가 자수성가형이고, 10~20퍼센트가 전문가형, 5퍼센트 이하가 상속형이다. 우리나라 100대 그룹의 자녀 전체 수는 5000명이 채 되지 않는다.

또 우리나라 부자의 직업은 대부분 기업인이고, 일부가 전문가이다. 부자의 학력은 50대 이상은 고졸 이하가 대다수이다. 반면 40대 이하의 부자들은 주로 대졸 이상이다.

자수성가형 부자들은 언 밥을 먹고, 맨손으로 고생을 해 부자가 되었다. 그들은 온갖 절약을 다 하는데, 그 이유는 절약이 투자의 밑천이기 때문이다. 자기 손에 들어온 돈은 움켜쥐고 쓰지 않는다. 밥을 먹을 때는 남기지 않고, 기사가 모는 승용차를 타고 가다가도 길이 막히면 지하철을 탄다. 일회용 교통카드를 쓰고 나서는 반드시 보증금 500원을 환불받는다. 또한 부자는 의심이 많다. 처음 본 사람에게는 명함을 잘 주지 않는다. 혹 명함을 주더라도 휴대폰 번호가 찍혀 있지 않은 것만 준다.

물론 브리오니 수트를 입는 남자 부자와 에르메스를 좋아하는 여자 부자도 일부 있다. 자동차는 벤츠를 몰고, 취미는 골프가 압도적으로 많다. 갤러리를 통한 미술품 불법 상속을 하고, 고가 귀금속을 매입해서 탈세도 한다. 이런 부자들은 가족 간에 재산 문제가 많다. 부인에게도 재산을 가르쳐주지 않는 것이 그들의 원칙이다. 부인은 헤어지면 남이나, 자녀는 내 사람이라고 생각한다. 자녀는 대개

2~4명이고, 부인과 큰아들이 재산 상속과 관련해 경쟁 관계에 놓이는 경우도 있다. 어떤 부자 할아버지들은 큰 빌딩이 있으면 손자들이 번질나게 찾아온다고 믿는다. 어렵게 모은 재산이 남의 손에 가는 것이 싫어 죽음을 상당히 두려워한다.

04

부자생성이론과 선악후선설

부자생성이론

부자, 없어지지 않는 존재

존재이론theory of existence이란 부자는 그 자체로 존재한다는 뜻이다. 부자는 인류 역사상 농경시대부터 고대, 중세, 현대에 이르기까지 언제나 있어왔고, 앞으로도 그럴 것이다. 또한 부자는 어떠한 종류의 국가 형태에서도 존재해왔다. 과거의 왕정시대 때도 그랬고 자본주의, 공산주의 국가를 막론하고 부자는 항상 있었다. 공산주의 국가들에도 부유층이 존재한다는 것은 부인하기 힘든 사실이다.

존재이론은 부자가 그 자체로 존재하기 때문에 부자를 없애려는 인위적인 노력이 성공할 수 없음을 암시한다. 부자의 악행을 강조하는 부자 비판 집단은 부자를 없애야 한다고 주장한다. 하지만 나쁜 형태의 부자들을 인위적으로 도태시켜도 또 다른 부자들이 나타나기 때문에 그 효과는 거의 없다.

변화를 주도하는 자가 돈을 번다

변화이론theory of change은 변화를 성공적으로 이룬 부류가 부자가 된다는 것이다. 인류 발전사를 보면 항상 새로운 가치나 기술을 가지고서 새로운 형태의 무언가를 만들어낸 사람들의 대부분이 부자가 되었다. 아이폰을 만든 스티브 잡스, 페이스북을 만든 마크 주커버그가 그 예다.

새로운 것의 진가를 세상에 알리고 사람들로부터 이득을 얻어라. 변화를 주도하고 유도하는 사람은 신흥 부자로 등극할 수 있다. 변화를 원천적으로 봉쇄하는 것은 불가능하다는 점에서 부자는 언제 어디서든 탄생할 수 있다.

선악후선설

부자와 악행은 떼놓을 수 없는 관계다

부자가 되는 과정에서 악한 일을 행할 가능성이 높다. 물론 이 세상의 모든 부자가 악하게 부를 이루었다는 뜻은 아니다. 개인차가 있겠지만, 대체로 부자가 되는 것과 악행은 떼놓을 수 없는 관계다.

그 이유는 다음과 같다.

첫째, 자수성가형이든 전문가형이든 부자가 되려면 자신이 현재 가지고 있지 않은 것을 손에 넣어야 한다. 이때 본인이 이 세상에 없던 것을 완전히 창조적으로 만들어서 아주 합법적이고 도덕에 어긋나지 않는 방식으로 세상에 공급하면 '악함'이 거의 없이 부자가 될 수도 있다.

그런데 이러한 일은 아주 힘들다. 아주 독창적인 것을 창조해내도 시장이 반응을 하지 않는 경우가 태반이다. 사람들에게 내가 만든 것을 알리려면 광고비가 든다. 그러려면 돈을 끌어와야 하는데, 주위 사람들은 나를 선뜻 믿고 돈을 주려 하지 않는다. 성공하려면 이러한 난관을 극복해야 하는데, 이게 말처럼 쉽지 않다. 독창적인 것을 창출하는 일도 무척 어려운데 그러한 일을 해도 밀어주는 사람이 없다. 가족이든 친구든 설득에 성공할 확률도 10분의 1 미만이다. 그리고 설득에 성공했다고 해도 웬만해서는 시장이 내 뜻대로 움직여주지 않는다.

그러면 이 세상의 1000만 명이 넘는 부자들은 어떻게 부를 얻었을까? 우리나라의 30만 명에 달하는 부자들은 어떠한 방법으로 부를 쟁취했을까? 대부분의 경우 불법행위, 사회적으로 바람직하지 않은 수단, 원칙에 어긋나는 방식을 조금씩 혹은 상당히 많이 사용해 부를 이루었다. 이들이 사용한 방법은 대개 법의 테두리를 벗어나지 않은 것처럼 보인다. 하지만 사실은 문제가 되는 행위(불법 정보를 취득한 후에 사용했는데 법적으로는 직접적인 책임이 없는 경우), 별 문제가 되지 않을 것 같으나 나쁜 행위(가난한 사람들이 꼭 필요로 하는 물품의 독점 경로를 만들어서 이득을 취하는 경우), 원칙에 어긋나는 행위(자기 소유가 아닌데 자기통제 하에 있다고 생각하고 활용해 파생 이득을 취하는 경우)가 많이 이용된 것이다.

둘째, 상속형 부자는 더욱더 악행을 많이 저지른다. 우리나라 국민들이 매우 큰 반감을 가지고 있는 사회적인 불공정 행위가 바로 '불법 상속과 탈세'이다. 이는 상속 부자들이 많이 취하는 행동들이다. 위장 계열사, 미술품, 차명금융거래 등을 악용하는 것이다.

현재 우리나라 법으로는, 차명 예금과 채권은 금융실명제 위반으로 30퍼센트의 과징금을 내야 한다. 또 차명 부동산의 경우, 부동산 실명제 위반으로 공시지가의 40퍼센트를 과징금으로 물어야 한다. 차명 주식은 상속증여세법에 의해 증여세와 가산세를 내야 한다.

그런데 법의 그물망을 피할 수 있는 방법들이 고안되고 있다. 불공정 행위에 가담하면 할수록 자신에게 더 많은 이득이 떨어지는 것을 아는 지원 세력들의 협조 때문에 이런 일이 일어나는 것이다. 해당 기관에 의해서 포착되지 않는 불법 상속의 규모는 너무나 크다. 빈번히 일어나는 탈세도 부자가 되기 위해서 저지르는 악행이다. 우리나라에서는 아직도 현찰 거래를 많이 하기에 탈세가 아주 쉽게 일어나고 있다.

지금까지 기록된 역사를 살펴보면, 부자가 되는 과정은 거의 전부 악으로 점철되어 있다. 아랍의 알 만수르나 아시아의 칭기즈칸은 약탈과 노예 매매로 거부가 되었다. 명나라 사람인 리우는 권력 매매로 부자가 되었고, 이탈리아의 메디치가는 가문에서 교황을 배출한 후에 면죄부 판매로 불법 이득을 취했다. 최근의 독재자들은 철권통치로 나라의 거의 모든 재산을 자기 손아귀에 쥐고 있고, 마카오의 스탠리 호는 40년간 마카오 카지노 산업을 독점하면서 어마어마한 부를 이룩했다.

비밀 단체인 프리메이슨의 세계를 통제하려는 움직임은 부자의 악한 면을 잘 보여준다. 프리메이슨을 만드는 데 가담한 로스차일드 가문은 18세기 거지 토굴에서 돈놀이를 시작했다. 로스차일드 가문은 제1차, 제2차 세계대전 와중에도 전 세계의 금, 석유, 우라늄을 통제하면서 거대 가문으로 성장했다. 로스차일드가 성장할 수 있었던 동인은 '악마적 욕구를 잉태하고 싹을 키워낸 탐욕'에 있다.

나이키 창업주인 필 나이트는 부자가 되는 사람들은 '모범 학생'이 아니라고 주장했다. 순수하고 정직해서는 부자가 될 수 없다는 주장이다. 빌 게이츠는 게리 킬톨이 개발한 DOS를 자신의 것인 양 포장해서 엄청난 자산을 만들었다. 미국독립전쟁 때 악행을 저질러서 돈을 번 부자들은 징집제도가 생기자 자신의 아들을 대신할 가난한 남자들을 사서 전쟁터에 내보냈다. 유럽에서도 전쟁이 일어났을 때 부자들이 용병들을 고용한 후 팔아서 떼돈을 벌어들인 일이 기록으로 남아 있다.

부자도 선한 삶을 살 수 있다

부자가 되는 과정에서는 악한 일을 저지를 가능성이 많은 반면,

부자로 사는 과정에서는 선해질 수 있다. 이는 부자로 사는 이들이 모두 다 선하다는 뜻이 아니다. 부자라도 마음가짐에 따라서 선해질 수 있다는 것이다.

전 세계의 거의 모든 거부들은 독점이라는 올바르지 않은 방식으로 부를 축적했다. 록펠러는 석유를, 빌 게이츠는 소프트웨어를 독점했다. 그런데 두 사람은 모두 부자가 된 이후에 선한 방향으로 행동하기 시작했다. 건강에 이상이 생겨 병원을 찾은 록펠러는 의사로부터 "앞으로 1년밖에 살지 못한다"라는 진단 결과를 들었다. 충격을 받은 그는 온 마음을 담아서 좋은 일에 나섰다. 그 결과 그는 40년을 더 살았고 세계 최고의 자선가로 칭송을 받을 수 있었다. 빌 게이츠도 비슷하다. 그는 미국 법정의 판결로 명성에 흠이 간 이후에 미국 자선단체의 회장을 지냈던 어머니의 영향으로 선한 행동을 하기 시작했다. 그 일을 하는 데 빌 게이츠의 부인도 많은 도움을 주었다.

우리나라에서 아주 명망이 높은 어느 집안도 고리대금업으로 많은 돈을 벌었다. 서민들에게 돈을 빌려주고 고리 이자를 받는 나쁜 행위를 한 것이다. 그러나 집 안에 쳐들어온 가난한 사람들의 고통을 알고 난 이후에는 선한 일을 하기 시작해서 지금은 엄청난 존경을 받는 집안이 되었다.

이처럼 더럽게 번 돈을 깨끗한 곳에 사용하는 부자들이 늘고 있다. 우리나라의 부자들은 1년에 평균 600만 원 이상을 기부한다. 과거보다 훨씬 높아진 액수이다. 물론 아직도 갈 길은 멀다. 법적으로 징벌을 받지 않았고, 사회가 미처 눈치채지 못했어도 부자 본인은 자기가 저지른 짓을 안다. 자신의 나쁜 행위가 마음속에서 지워지지 않는 징벌로 남아 있는 것이다.

그러한 마음의 고통을 덜 수 있는 길은 직접 선행을 하는 것이다. 속죄하는 마음을 듬뿍 담아 선행을 하는 부자들이 많은 사회가 되기를 바란다.

05
욕먹는 부자와 존경받는 부자

사람들은 왜 부자를 싫어하는가

반부자 정서anti-affluent attitude는 한국인들의 마음속에 상당히 깊이 뿌리박혀 있다. 대한상공회의소와 현대경제연구원이 공동 조사한 바에 의하면, 우리나라의 반기업 정서는 상당히 높은 것으로 나타났다. 2011년 상반기에 실시한 설문조사 결과, 응답자의 64퍼센트가 반기업 정서를 가지고 있었다. 기업의 호감도는 100점 만점에 50.8점이었고, 기업의 사회공헌 활동은 37점, 윤리경영 실천은 23점으로 나타났다. 앞에서도 말했지만 부자의 대부분이 기업가이다.

인류 역사상 어떠한 경우에도 부자가 없었던 적은 없다. 다시 말해 부자는 언제나 존재한다. 어떠한 체제나 시대에서도 언제나 존재해왔던 부자를 이 세상에서 없애는 것은 현실적으로 불가능하다. 현재의 최고 부자들을 사회적으로 거세하면 그 다음의 부자들이 최고 부자가 된다.

우리나라에서는 부자에 대한 인식이 그다지 좋지 않다. 조선시대와 일제강점기 때도 부자들에게 별로 호의적이지 않았는데, 대한민국 건국 후 산업화 과정에서 빈부 격차가 심해지면서 부자에 대한 인식이 훨씬 더 나빠졌다.

반부자 정서의 원인에는 무엇이 있을까? 그 원인은 직접적인 원인 제공자인 부자에게서도 찾을 수 있고, 부자가 아닌 일반인에게서도 찾을 수 있다. 반부자 정서의 첫 번째 원인은 '부자들이 오랫동안 잘못해온 결과'라고 할 수 있다. 돈만 아는 악귀 같은 부자들이 '불법으로 돈을 벌고, 더럽게 금전을 챙기고, 그러고도 모자라서 계속해서 돈을 챙기는 행태들'을 보여왔기 때문이다. 서민들을 속상하게 하는 신문 기사는 거의 다 부자와 관련된 추잡한 것들이다. 불법 상속, 탈세 등이 그것이다. 저녁 뉴스를 봐도 뇌물, 공금횡령 등 한낮에 일어난 더러운 일들이 가득하다.

부자들로서는 반부자 정서가 생긴 것이 자신들 때문이라는 주장에 변명할 여지가 별로 없다. 자신들이 부자에 대한 올바른 정의를 내리지 못하고 오로지 물질만 쌓아온 결과인 것이다. 그것도 올바른 방법이 아닌, 수단과 방법을 가리지 않고 물질을 쌓았으니 사람들이 부자에 대해서 악감정을 지닐 수밖에 없다. 부자들은 이러한 사실에 변명해서도 안 되고, 변명할 수도 없다. 물론 소수의 비교적 깨끗한 부자들은 항변을 할 수도 있겠지만, 대부분이 나쁜 짓을 조금이라도 한 것은 부인할 수 없는 사실이다.

반부자 정서의 두 번째 원인은 부자가 아닌 사람들이 가진 편견에 있다. 나쁜 짓을 일삼는 부자들을 보면서 일평생을 살아온 사람들은 자신이 부자가 되지 못한 이유는 그들 탓이라고 생각하기 쉽다. 나는 부자들처럼 나쁜 행동을 하지 않았기에 잘살지 못한다는 판단을 내리는 것이다. 물론 일리가 있는 말이지만, 자신이 부자들처럼 노력하지 않은 데에도 그 원인이 있다는 사실은 부정하는 것이다. 부자가 되지 못한 것을 모두 부자들의 탓으로 돌리는 경향은 엄연히 존재한다. 또한 행실이 나쁜 부자들을 등장시켰다가 몰락시키는 내용을 되풀이하는 TV 드라마와 세상 모든 악의 근원은 부자라고 몰아붙이는 일부 정치 세력들의 주장이 복합적으로 작용한 면도 있는 것 같다.

대부분의 원인 제공을 한 사람은 부자이지만, 반부자 정서를 스스로 마음속에 키워온 일반인들도 있다는 사실은 부정하기 힘들다. 남을 욕하면 속이 시원하니까 그 일을 반복하는 것이다. 따라서 반부자 정서 형성의 주범인 부자와 부자에 대한 편견을 지닌 사람들을 함께 줄여나갈 필요가 있다.

친부자 욕구는 좋은 것이다

부자란 한 시대에서 경제적으로 선두를 달리는 사람들이다. 물론 그들이 사회적으로 지탄을 받을 일을 하거나, 법률에 어긋나는 일을 한다면 사회적 공격과 법의 처벌을 받아야 한다. 그러나 정당한 방법으로 부자가 된 사람을 사회적으로 공격해서는 안 되며 그러기도 쉽지 않다.

부자는 자기 자신의 노력과 사회적 지원의 합작품이다. 자신이 아무리 뛰어난 재능을 가지고 있다고 하더라도 그것만을 가지고 스스로 부자가 될 수는 없다. 부자가 창조한 것을 사회가 인정해주어야 돈을 벌 수 있다. 뛰어난 문학소녀가 쓴 글이 사회적으로 호평을 받아서 책으로 나오고, 그것이 수백만 권 팔리면 순식간에 부자가 될 수 있다. 음악가나 운동선수도 마찬가지다. 또한 벤처나 장사로 부자가 되는 경우도 모두 동일한 과정을 거친다.

부자에 대한 악감정은 과거, 현재 할 것 없이 늘 존재하지만, 부자가 되고 싶다는 사람들의 욕망은 예전보다 훨씬 더 커진 듯하다.

현재 50대 이상의 기성세대들은 젊은 시절 한자를 배우면서 유교적이고 보수적인 교육을 받았다. 그들은 금전보다는 자아 만족이나 사회적 체면을 더 중시하는 경향이 있다. 그러나 40대 이하의 신세대들은 한글 교육을 받으면서 자랐고 자기표현을 상당히 강하게 하는 성향을 보인다. 게다가 1990년대 이후 인터넷의 확산으로 타인들과의 정보 공유가 용이해지면서 그들의 마음속에 있는 반부자 정서와는 별도로 부자가 되고 싶다는 욕구를 강하게 표출하기 시작했다.

IMF 이후, 젊은 세대들의 목표에서 돈이 차지하는 비율이 70퍼센트를 훨씬 넘는다는 것은 주목할 만한 일이다. 요즘 사람들은 부자가 되고자 하는 욕구가 강하다. 실제로 나는 20~30대의 행동을 면밀히 관찰하고 그들과 많은 대화를 해보았는데, 그들은 부모가 부자에 대해 강하게 반감을 표시해도 부자가 되고 싶은 욕망을 적극적인 행동으로 보여주었다. 부자가 되기 위한 보다 현실적인 방법들을 찾아 헤매는 것이 이를 입증한다.

친부자 욕구pro-affluence desire는 나쁜 것이 아니다. 자본주의 국가에서 부자가 되고 싶다고 표현하는 것은 상당히 자연스러운 감정 표출이다. 친부자 욕구가 정신적인 부자, 물질적인 부자, 사회적인 부자의 세 가지 측면을 모두 포함하는 형태로 나타난다면 그것을 부정적인 시각으로 바라볼 사람은 거의 없을 것이다.

일단은 반부자 정서와 친부자 욕구를 분리해서 생각하고 또 대응하는 것이 부자와 일반인들 모두에게 좋다. 부자들이 수십 년, 아니 그보다 더 오랫동안 저질러온 악행들이 자아낸 이미지가 일반 국민들의 마음속에서 지워지려면 상당히 오랜 시간이 필요할 것이다. 부자들이 그동안 나쁜 행동들을 한 것을 완전히 속죄할 수 있을 만큼 혁신적으로 선한 행동들을 해야 조금이라도 편견을 없앨 수 있다. 거의 매일 뉴스에 등장하는 부자들의 악행들도 근절되어야 한다. 그렇지 않고서는 반부자 정서를 완전히 없애는 것은 거의 불가능할지도 모르겠다.

반대로 친부자 욕구는 지나치다고 해도 별로 문제가 되지 않는다. 오히려 남들은 나쁜 과정을 거쳐 부자가 되었지만, 나는 좋은 일을 하면서도 부자가 되겠다고 다짐하는 사람들이 많이 생겼으면 한다.

정상적으로 부자가 된다는 데 그것을 방해할 정부나 사회 혹은 이웃은 거의 없을 것이다. 타인이 부자가 되는 게 약간 배가 아플 수는 있으나 현행 법규를 지키고 사회적으로 바람직한 일을 하는 사람을 막을 방법은 없기 때문이다.

우리 모두 친부자 욕구를 키워나가자. 신문과 TV 뉴스에 각종 사건 사고로 언급되는 부자, 험담의 주인공이 되는 부자는 결코 되지 않겠다는 의식을 강하게 가지자.

06
행복한 부자의 조건

부자는 행복한가

이 세상에서 인간이 할 수 있는 일들 중 대부분은 돈으로 가능하다. 그러나 인간의 힘으로 할 수 없는 일들의 대부분은 돈으로도 불가능하다. 이처럼 돈이 모든 일을 해결해줄 수는 없다는 사실을 이해해야 돈의 유용성과 한계를 진정으로 깨달을 수 있다.

전 세계 부자들의 상당수는 별로 행복하지 않다고 알려져 있다. 캐나다의 경제학자인 이튼 교수와 에스워런 교수는 "부자와 행복은 별로 관계가 없다"는 연구 결과를 내놓았다. 어떤 지점을 넘어서면서부터는 부유해질수록 행복해지는 게 아니라, 돈을 더 많이 가진 사람과 자신을 비교하고 상대적 박탈감을 느낀다는 것이다.

그렇게 많은 물질을 소유하고도 불행하다는 게 이해가 되지 않을 수도 있지만 사실이다. 부자의 물질적인 측면은 행복과는 반대로 움직인다. 물질은 소유의 측면이고, 행복은 경험의 측면이다. 일반적으로 물질적인 넘침은 정신이 많은 경험을 하는 데 악영향을 미친다.

우리나라의 수많은 부자들 또한 그다지 행복하지 않다. 하루 종일 돈, 돈 하니 정신적으로 피곤하고, 값비싼 옷으로 아무리 치장을 해도 행복은 찾아오지 않는다. 불면증이 심해 술로 밤을 지새우고 자신의 신세를 한탄하는 부자가 부지기수이다.

그렇다면 부자가 아닌 보통 사람들은 행복할까? 물론 모든 일반인들이 행복한 것은 아니지만 물질에 그다지 집착하지 않는 일부는 상당한 행복을 누린다. 세계에서 가장 행복한 국가라고 알려진 부탄은 세계 최빈국 중의 하나이다. 부탄 정부는 국민의 행복을 침해할 수 있다고 생각되는 모든 일을 금지시켰다. 정부의 목표 자체가 국민의 행복이고, 세계에서 신호등이 없는 유일한 국가가 바로 부탄이다.

나는 모든 부자가 불행하다고 주장하려는 것은 아니다. 앞에서 부자를 정신, 물질, 사회라는 세 가지 측면에서 정의해보았다. 부자들 중에서도 특히 정신적인 부자라고 일컬어지는 사람들은 행복지수가 높다. 사회적인 부자들의 행복지수도 비교적 높은 편이다. 즉, 금전만능주의에 빠진 부자들만이 행복지수가 낮은 것이다.

〈월스트리트저널〉은 "1년에 7만 5000달러의 소득이 있으면 행복하다"라는 내용의 발표를 한 적이 있다. 미국에서 행해진 또 다른 조사는 "연봉이 10만 달러면 물질적으로 행복하다"고 발표했다.

혹시 가진 재산은 조금 부족하지만 현재 아주 행복하게 살고 있다면, 내가 부자가 아닌 것에 감사하면서 살면 된다. 부자를 보면서 '저 사람은 돈이 많은데 무슨 걱정이 있겠어?' 하고 생각하는 것은 잘못이다. 은행에 가서 10억 원의 예금을 들고 정문으로 나오면 지점장과 PB팀장이 따라 나와 90도로 인사한다. 외제차를 몰고 가다 보면 웬 이상한 차들이 뒤쫓아 온다. 한 번 그런 일을 겪고 나면 부담스러운 마음에 은행에 갈 때마다 걸어서 은행 뒷문으로 출입한다. 세상의 눈치를 보느라 얼마나 피곤하고 불편하겠는가?

오히려 재벌들의 자살률이 일반인들보다 더 높고, 부자들은 집에 도둑이 들어도 신고를 하지 않는다는 것은 잘 알려진 사실이다.

앞에서 말했듯이 부자는 물질적, 정신적, 사회적으로 모두 풍족해야 한다. 단순히 물질만 많이 가진 부자는 불행할 수밖에 없다.

또한 물질이 결핍되어 있더라도 스스로 풍요롭다고 느낀다면 충분히 행복할 수 있다. 자발적 기부를 하면 스트레스가 줄고 행복해진다고 한다. 기부의 행복에 중독된 가수 김장훈의 사례는 우리도 잘 알고 있지 않은가.

자기 자신과 사회를 동시에 만족시켜라

자기만족과 사회만족이 일치하는 이가 성공한 부자이다. 부자 개인의 성공은 자아실현self actualization을 한 결과인데, 이것을 확대해 사회 전체의 만족을 추구하는 사회실현social actualization으로 승화, 발전시켜야 한다.

성공한 부자는 그 자신을 하나의 사회 브랜드로 만들어 명성을 높일 수 있다. 누구나 우러러 보는 명문가를 만들고, 그 이름을 세상에 알리는 것은 가문을 사회 브랜드화하는 것이다.

워렌 버핏은 인생의 목적이 돈을 버는 데 있지 않다고 했다. 돈은 목적이 될 수 없으며, 우리가 세상을 살아가는 데 필요한 하나의 도구라고 생각했다는 것이다. 그래서 그는 남에게 직접적인 피해를 주지 않고자 장기투자를 했다고 한다.

바닥이 유리로 된 보트를 타고 모리셔스 섬 주위를 달린다고 자신의 인생에 만족할 수 있는 건 아니다. 75만 달러짜리 와인에 혀를 축여야 만족스러운 인생을 살 수 있는 것은 아니다.

수도사처럼 검소한 생활을 하기로 유명한 세계적인 패션 디자이너 피에르 가르뎅은 집에서 100마리 이상의 앵무새와 수백 마리의 희귀 어류를 키우며 마음의 평화를 잃지 않았다고 한다.

[테스트] 나의 인생 행복지수는?

1 전혀 동의하지 않는다 **2** 거의 동의하지 않는다 **3** 동의하지도 부정하지도 않는다 **4** 약간 동의한다 **5** 매우 동의한다

(1) 나는 내가 정신적으로 원하는 일을 하면서 행복하게 살 수 있다.　　1 2 3 4 5

(2) 나는 물질적으로 어느 정도 편안하게 살아갈 수 있다.　　1 2 3 4 5

(3) 나는 사회적으로 인정을 받는 생활을 영위할 수 있다.　　1 2 3 4 5

(4) 나는 내 인생이 행복하다고 말할 수 있다.　　　　　　　　　　1 2 3 4 5

(5) 나는 내가 정말로 인생을 즐기는 데 필요한 것들을 가질 수 있다.　1 2 3 4 5

(6) 나는 내 인생에 대체로 만족한다.　　　　　　　　　　　　　1 2 3 4 5

(7) 나는 내가 이 세상을 살아가며 하는 행동들이 만족스럽다.　　　1 2 3 4 5

(8) 나는 주위 사람들에 비해 내 인생이 비교적 만족스럽다고 생각한다.　1 2 3 4 5

(9) 내 인생은 비교적 평탄하면서도 좋은 방향으로 흘러갈 것이다.　　1 2 3 4 5

36점 이상: 인생을 행복하고 만족스럽게 살 수 있다.

27~35점: 인생을 평범하게 살 수 있을 것이다.

26점 이하: 인생을 행복하고 만족스럽게 살기 힘들 것이다.

07
개인을 넘어
사회와 현실을 다루는 부자학

부자학이란 가치창출과 사회만족을 지향하는 국산 학문이다. 부자학은 크게 미시적 측면, 거시적 측면, 현장 측면으로 구분된다. 미시적 측면은 개인 혹은 가정 차원에서 어떻게 가치를 창출하고 활용할 것인가를 다룬다. 부자가 되려면 새로운 것을 만들고 그것을 활용해야 하는데 이는 대부분 개인, 가족 혹은 소수집단에서 이루어진다.

그러나 부자가 되고 난 후에 창출된 부를 가지고 사회의 바람직한 변화를 유도하는 과정은 거시적인 성향을 가진다. 정부와 사회가 부자들이 바람직한 사회적 행동을 하도록 유도하고, 그들의 행동에 직간접적인 통제를 가하는 등 더 큰 힘이 개입하기 때문이다.

현장 측면이란 우리나라의 현실에서만 나타나는 특이한 현상을 의미한다. 많은 사람들의 실생활과 직접적인 관련을 가지는 생활적인 영역이라고 볼 수 있다.

부자학의 미시적 측면

미시적 측면은 개인, 가정, 종교, 직업을 모두 포함한다. 구체적으로 말하자면 부자 지향, 부자 비용, 부자 원천, 부자와 가족, 부자와 종교를 내포하고 있다. 개인적으로 어떤 과정을 거쳐서 부자가 되고, 그 과정에 어떠한 정신과 노력이 요구되는지, 또 삶을 어떻게 살아나가야 하는지와 관련된 것들이다.

월마트의 창업자인 샘 월튼은 세상을 떠나기 전날까지도 트럭을 몰고서는 매장을 돌아다니면서 수리할 게 없는지 살폈다고 한다. 그가 남긴 재산은 가족들에게 상속된 이후에도 계속 증가해 세계 최고의 부자 가문이 되었다.

샘 월튼은 부자가 되겠다는 신념을 확고하게 다지고 수많은 고통을 감수하면서(절약, 근면 등) 새로운 가치를 만들었다. 또 온 가족이 협조한 덕분에 그의 꿈은 실현될 수 있었다. 이러한 과정은 미시적인 부자학의 대표적인 사례이다.

부자학의 거시적 측면

거시적 측면은 대집단, 사회, 국가, 세계를 포함한다. 부자가 사회에 어떤 공헌을 해야 하는가, 부자는 사회적으로 어떻게 실패하는가, 부자의 권력은 어떻게 형성되는가는 부자를 거시적인 측면에서 생각할 때 할 수 있는 질문들이다. 또한 부자는 기회주의적인 행동을 어떤 방식으로 수행하는가, 부자가 사회를 위해서 어떠한 시민 행동을 해야 하는가 등의 질문도 가능하다. 거시적 측면은 빈부 격차, 청년 빈곤, 부자의 병역 기피 그리고 부자와 애국심의 관계 등도 포함한다.

미국의 변호사 스티브 앤더슨은 자신의 의뢰인들이 자선재단을 설립한 이후 2년이 지나자 재산이 네 배 이상 증가했다고 밝힌 바 있다. 아이러니하게도 기부를 하면 재산이 폭발적으로 증가한다는 것이다.

부자는 과거의 죄를 갚기 위해 소극적으로 기부하는 것에서 더 나아가 더 나은 사회를 만들기 위해 보다 적극적으로 노력해야 한다. 거시적 측면에서는 이러한 생각 아래 많은 사회문제를 부자학적 시각에서 다룬다.

부자학의 현장 측면

신문과 뉴스에 나오는 기사들 중에는 부자와 관련된 것들이 많다. 젊은 시절, 강제로 일본군에게 끌려가 위안부가 되어야 했던 한 할머니가 평생 모은 재산을 기부하고 임종을 앞두고 있다는 기사는 우리를 흐뭇하게 한다. 그러나 거액을 뇌물로 받고 이권 청탁을 들어 주었다는 기사는 우리를 슬프게 만든다. 포털사이트에 시시각각 뜨는 기사들의 상당수도 부자와 관련된 내용들을 다룬다.

　열심히 일하고도 최저임금을 받지 못하는 현실적인 문제를 어떻게 풀 것인가? 무주택자들의 어려움과 청년실업 문제를 속 시원히 풀어줄 답을 찾을 길이 없다는 한탄도 여기저기서 새어 나온다. 부자증세를 해야 한다는 다수의 여론과 부자는 죄를 지어도 감옥에 가지 않는데, 서민은 남의 집 담 너머로 떨어진 도토리 10만 원어치를 주워도 구속된다는 서글픈 사실을 어떻게 이해해야 할까?

　우리의 실생활과 밀접한 관련을 지니는 현장 이슈들에 대해 부자학적 견해를 제시하는 것은 중요한 일이다. 부자학을 익힘으로써 생긴 판단력으로 현장을 분석하고, 적절한 해법을 제안할 수 있기 때문이다.

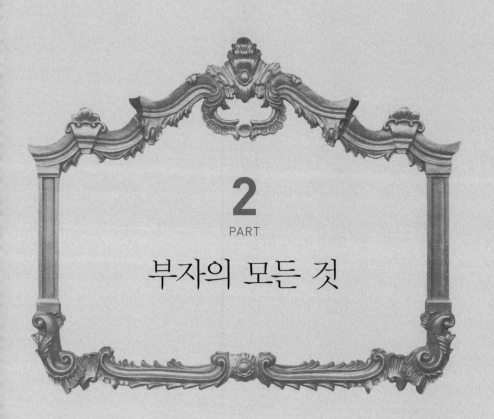

2
PART

부자의 모든 것

01
부자 가능성

부자 지향

　'부자를 사고의 중심에 두고서 욕구를 확대시켜 나가는 성향'을 부자 지향affluent orientation이라고 한다. 어렸을 때부터 부자 지향을 가지는 사람이 그렇지 않은 이보다 더 부자가 될 확률이 높다. 또 지속적으로 부자 지향을 가지는 사람이 일시적으로 가지는 이보다 더 부자가 되기 쉽다.

　부자학의 핵심 개념 중 하나인 가치활용의 선행조건이 바로 부자 지향이다. 부자를 가슴에 품고 있어야 부자로서 새로운 가치를 창출해낼 수 있기 때문이다.

　부자 선진국은 이 책이 제시하는 포괄적인 부자의 정의에 맞는 부자 지향을 하는 경향이 강하다. 1997년, 미국의 부자들에게 다음의 목적들을 위해 각각 얼마나 쓰겠느냐고 물어보았다. 그랬더니 부자들은 천국행에는 약 64만 달러, 참된 사랑에는 약 48만 달러, 특출한 지성에는 약 40만 달러, 재능에는 약 28만 달러, 영원한 젊음에는 약 25만 달러, 옛날 애인을 만나는 데는 약 20만 달러, 뛰어난 아름다움을 위해서는 약 8만 달러, 대통령이 되는 데는 약 5만 달러를 투자하겠다고 응답했다. 이것은 부자들이 물질보다 정신을 더 중요하게 여긴다는 사실을 알려준다.

반면 부자 후진국은 포괄적인 부자의 정의보다는 단순한 물질에 더 치중하는 경향이 있는 듯하다. 2005년도에 미국의 심리학자인 디너 교수가 전 세계 130개 국가를 상대로 벌인 조사 결과를 살펴보자. 물질적 가치를 얼마나 중요하게 여기느냐는 질문에 대한 대답의 평균은 우리나라가 7.24, 일본은 6.01, 미국은 5.45로 나왔다. 삶의 만족도는 우리나라가 5.3인 데 비해 일본은 6.5, 미국은 7.2였다.

심리적 부자 지향과 행동적 부자 지향

부자 지향은 크게 두 가지로 나뉜다. 하나는 심리적 부자 지향이고, 다른 하나는 행동적 부자 지향이다. 내가 부자학연구학회 3회 학술발표회에서 발표한 논문인 "부자 지향, 물질주의, 인생 만족의 관계"에 의하면, 심리적 부자 지향은 인생 만족과 별 관계가 없는 것으로 나타났다. 그러나 행동적 부자 지향은 인생 만족과 긍정적인 관계가 있는 것으로 밝혀졌다. 반면 물질주의는 인생 만족과 부정적인 관계가 있는 것으로 나타났다. 이 조사의 설문에는 현재 부자인 사람들과 그렇지 않은 사람들이 골고루 참여했다.

심리적 부자 지향은 다음과 같은 기준들에 의해 측정되었다.

- 나는 지금 부자가 되기를 원한다.
- 부자가 된다는 것은 좋은 일이다.
- 부자가 되는 과정은 보람이 있을 것이다.
- 부자가 되면 흐뭇한 느낌이 들 것이다.
- 부자가 되는 것이 나의 인생 목표다.
- 부자가 되는 과정을 상상하면 즐겁다.

행동적 지향은 다음의 기준들에 의해 측정되었다.

- 나는 부자가 되는 데 필요한 방법들을 많이 사용하고 있다.
- 나는 부자들에게서 많이 배우고 있다.
- 나는 부자가 되려고 최선을 다하고 있다.
- 나는 부자가 되는 데 필요한 노력을 스스로 기울이고 있다.

물질주의는 다음과 같이 측정되었다.

- 물건 사는 것은 나에게 많은 쾌락을 준다.
- 내 인생은 만약 내가 지금 가지고 있지 않은 것들을 소유할 수 있다면 더 행복해질 것이다.
- 나는 만약 내가 더 많은 물건을 살 여력이 있다면 더 행복해질 것 같다.
- 나는 내가 좋아하는 것들을 살 수 없다는 것이 나를 때때로 괴롭힌다.

인생 만족은 다음의 기준들에 의해 측정되었다.

- 나는 내가 인생을 즐기는 데 필요한 것들을 가지고 있다.
- 나는 이때까지의 인생에 대해 대체로 만족한다.
- 나는 내가 과거에 했던 행동들에 대해 별로 불만이 없다.
- 내 주위 사람들과 비교했을 때, 지금까지의 내 인생이 비교적 만족스럽다.
- 내 인생은 비교적 평탄하면서 좋았다고 본다.

행동적 부자 지향이 인생 만족과 긍정적인 관계에 있는 이유는 응답자들이 부자가 되기 위해 육체적인 노력을 기울이는 것을 인생 만족의 한 측면이라고 보았기 때문이다. 반면 물질주의는 인생 만족에 부정적인 영향을 주는 것으로 나타났다. 부자가 되기 위한 노력 자체는 좋게 보지만, 그저 물질에만 매달리는 것은 인생에 부정적으로 작용한다고 생각하는 것이다.

다음은 '부자 가능성'을 알아보는 설문이다. 참부자가 갖추어야 할

세 가지 요소, 즉 정신과 물질, 사회를 아우르면서 부자가 될 수 있는지를 물어보는 이 설문은 우리나라의 수많은 부자들과 심층 면접을 한 결과 탄생했다.

[테스트] 나는 부자가 될 수 있을까?

1 전혀 동의하지 않는다 2 거의 동의하지 않는다 3 동의하지도 부정하지도 않는다 4 약간 동의한다 5 매우 동의한다

(1) 나는 어떠한 상황에 처해도 부자가 될 수 있다고 생각한다.   1 2 3 4 5

(2) 부자가 되는 길이 생각보다 험난하더라도 극복할 수 있다고 믿는다.   1 2 3 4 5

(3) 몇 번이고 실패하더라도 언젠가는 꼭 부자가 될 수 있을 것이다.   1 2 3 4 5

(4) 고통의 순간들을 견뎌낼 마음의 각오가 되어 있다.   1 2 3 4 5

(5) 중간에 실패해도 부자의 꿈을 절대로 포기하지 않겠다.   1 2 3 4 5

(6) 아무리 힘들어도 끝내는 부자가 될 생각이다.   1 2 3 4 5

(7) 물질적으로 여유를 가지고 살기를 원한다.   1 2 3 4 5

(8) 물질적으로 남보다 풍요로워지기를 원한다.   1 2 3 4 5

(9) 나는 물질 관리를 잘할 수 있다.   1 2 3 4 5

(10) 나는 물질을 잘 보존할 수 있다.   1 2 3 4 5

(11) 나는 기회가 되는 대로 남을 도울 준비가 되어 있다.   1 2 3 4 5

(12) 가능하다면 주위 사람들을 도우면서 살고 싶다.   1 2 3 4 5

(13) 나는 가진 물질을 타인들을 위해서 쓸 준비가 되어 있다.   1 2 3 4 5

(14) 나는 남들이 좋아하는 일을 하려고 한다.   1 2 3 4 5

56점 이상: 충분히 부자가 될 수 있는 사람이다.

42~55점: 부자가 되려면 지금보다 더 노력해야 하는 사람이다.

41점 이하: 부자가 되기 힘든 사람이다.

부자 비용

부자 지향에 필요한 비용을 부자 비용affluent cost이라고 한다. 개인이 부자가 되기 위해 사고하고 노력하는 과정에서 사용되는 모든 것이 바로 부자 비용이다.

부자 비용에는 자신의 호주머니에서 직접 나가는 돈도 있을 수 있고, 부자가 되기 위해 들이는 정신적인 노력, 결심을 행동에 옮기는 데 필요한 시간, 타인들이 지원하는 것들이 모두 포함된다. 그러나 보통은 자신이 직접 사용하는 것을 부자 비용이라고 한정한다.

나는 부자 비용을 크게 수익기대 비용과 소모상실 비용으로 구분한다. 수익기대 비용이란 미래에 수익을 창출할 것을 기대하고 현재 사용하는 돈을 뜻한다. 소모상실 비용이란 미래와 상관없이 단순히 즐기기 위한 현재의 돈 사용을 의미한다.

현대경제연구원이 통계청의 가계동향조사 자료를 분석한 결과 1990년에 비해 2010년에 중산층의 소모상실 비용이 크게 증가했다고 한다. 1990년과 2010년의 중산층을 비교해보면, 부채 상환액이 10.4퍼센트에서 27.5퍼센트로, 사교육비가 2.1퍼센트에서 6.0퍼센트로, 통신비가 1.7퍼센트에서 5.0퍼센트로 증가했다. 1990년 중산층은 소득의 14.2퍼센트를 소모상실 비용에 썼는데, 2010년에는 그 비율이 38.5퍼센트로 늘었다고 한다. 과거보다 부자가 되기 훨씬 더 힘들어진 것이다.

각 비용의 지출 비율은 개인마다 다를 것이며, 상황에 따라서도 크게 달라진다. 따라서 나는 여러 개의 질문들을 이용해 수익기대 비용과 소모상실 비용의 구체적인 개념을 설명할 작정이다. 다음에서 어떤 것이 수익기대 비용 혹은 소모상실 비용에 해당하는지 체크해보자.

[테스트] 수익기대 비용과 소모상실 비용

	수익기대 비용	소모상실 비용
(1) 혼자서 발렌타인데이에 초콜릿을 사는 것	( )	( )
(2) 회식 후에 2차를 가는 것	( )	( )
(3) 영어학원을 다니는 것	( )	( )
(4) 비싼 속옷을 사는 것	( )	( )
(5) 내게 중요한 사람을 만나서 비싼 밥을 사는 것	( )	( )
(6) TV를 켜놓고 다른 일을 하는 것	( )	( )
(7) 주식투자 책을 사서 읽는 것	( )	( )
(8) 자녀에게 족집게 과외를 시키는 것	( )	( )
(9) 부자학 강의를 듣는 것	( )	( )
(10) 잠자기 전에 매니큐어를 바르는 것	( )	( )
(11) 공인중개사 사장들에게 식사를 대접하는 것	( )	( )
(12) 겨울에 돈을 들여서 발톱 손질을 받는 것	( )	( )
(13) 부자에게 술을 대접하고 인생 노하우를 배우는 것	( )	( )
(14) 혼자서 비싼 반찬을 먹는 것	( )	( )
(15) 스마트폰으로 좋은 정보를 찾는 것	( )	( )
(16) 식욕이 없는데 남이 먹으니 자기도 먹는 것	( )	( )
(17) 하루 종일 신문을 읽는 것	( )	( )

(18) 노래를 흥얼거리며 비싼 샴푸로 머리를 감는 것   ( )   ( )

(19) 부잣집 자제들이 다니는 사립 초등학교에 자녀를 입학시키는 것 ( )   ( )

(20) 페이스북에서 친구 거절을 당하고 화내는 것   ( )   ( )

(21) 정기적금에 가입하고서 도장을 버리는 것   ( )   ( )

(22) 정치인에게 10만 원 이상을 기부하는 것   ( )   ( )

(23) 은행원에게 점심을 사고 자투리 돈 관리법을 배우는 것   ( )   ( )

(24) 부잣집 자녀와 어울리고 싶어서 접대를 하는 것   ( )   ( )

(25) 수익성 좋은 펀드를 찾으려고 고수들에게 물어보는 것   ( )   ( )

정답: (3), (5), (7), (8), (9), (11), (13), (15), (17), (19), (21), (23), (24), (25)는 수익기대
비용이다. (1), (2), (4), (6), (10), (12), (14), (16), (18), (20), (22)는 소모상실 비용
이다.

우리는 여기서 부자 지향이 강한 사람은 수익기대 비용을, 부자
지향이 약한 사람은 소모상실 비용을 많이 지출할 것이라는 사실을
알 수 있다.

부자가 되려면 어떤 습관을 가져야 할까

행동적 부자 지향을 하려면 자신의 습관을 그에 맞게 바꿔나가야
한다. 부자가 되는 과정은 고난의 연속이고, 하고 싶지 않은 일을 해
야 한다. 또 참아야 할 것들이 엄청나게 많다.

제2차 세계대전 이후 전쟁의 폐허를 극복한 독일인들은 세 명이 담배를 입에 물어야 성냥 한 개비에 불을 붙였다고 한다. 야후의 설립자 제리 양은 개인 사무실이 없다. 그는 직원들과 같이 사무실을 쓰면서 아침 7시 30분이면 가장 일찍 출근하고, 저녁에는 가장 늦게 퇴근한다고 한다.

다음에서는 사람들이 흔하게 가지고 있는 습관들을 부자 지향의 관점에서 나열해보았다. '내가 가져야 할 12가지 습관'이라는 이름이 붙은 아래의 리스트를 보면서 자신의 습관을 평가해보기 바란다.

[테스트] 내가 가져야 할 12가지 습관

	지속 하겠다	바꾸겠다
(1) 자존심을 키우는 습관	( )	( )
(2) 내가 정한 원칙을 지키는 습관	( )	( )
(3) 한 번 마음먹은 것은 반드시 실천하는 습관	( )	( )
(4) 항상 새로운 것을 찾아내는 습관	( )	( )
(5) 남들이 하는 것을 그대로 따라 하지 않는 습관	( )	( )
(6) 다섯 번을 실패해도 끈기를 잃지 않는 습관	( )	( )
(7) 쓸데없는 데 돈을 쓰지 않는 습관	( )	( )
(8) 남들이 좋아할 만한 것을 제공해주는 습관	( )	( )
(9) 내 인생에 방해가 되는 요소를 현명하게 피해가는 습관	( )	( )

	지속 하겠다	바꾸겠다
(10) 실패한 일을 세밀하게 분석해서 다음에는 꼭 성공시키는 습관	( )	( )
(11) 작은 일도 최선을 다해서 성공시키는 습관	( )	( )
(12) 상상하는 시간을 계속해서 갖는 습관	( )	( )

9개 이상의 습관을 지속하겠다고 응답했다면 당신도 부자가 될 수 있다.

부자들이 공통적으로 주장하는 것 중 하나는 '자신이 나쁜 습관이라고 판단한 것을 과감하게 끊었다는 것'이다. 이를테면 도박은 매우 나쁜 습관이다. 어떤 중국 사람들은 자장면을 팔아서 번 돈을 춘절(중국 설)에 노름판에서 다 잃고 중국집을 다른 이에게 넘겨주기도 한다. 그야말로 도박 한 번에 인생이 무너지는 것이다.

이번에는 '내가 버려야 할 12가지 습관'이라는 제목의 리스트를 보며 자신의 습관을 평가해보자.

[테스트] 내가 버려야 할 12가지 습관

	지속 하겠다	바꾸겠다
(1) 내 스스로에게 미안해하는 습관	( )	( )
(2) 목표에 도달하지 못해도 상관없다고 생각하는 습관	( )	( )
(3) 남들이 하는 것을 따라 하는 습관	( )	( )

(4) 하루에 7시간 이상 잠을 자는 습관   ( )   ( )

(5) 쓸데없이 남을 욕하는 대화에 참여하는 습관   ( )   ( )

(6) 돈의 달콤함만을 좇는 습관   ( )   ( )

(7) 명품 구매에 매달렸던 습관   ( )   ( )

(8) 연예계 소문이나 뉴스에 현혹되었던 습관   ( )   ( )

(9) 일이 실패하면 바로 낙담하는 습관   ( )   ( )

(10) 남이 반대하면 내가 밀어붙이던 일을 어물쩍 중단하는 습관   ( )   ( )

(11) 성공이 눈에 보이면 바로 우쭐거리는 습관   ( )   ( )

(12) 불공정한 방법을 사용해서 이득을 취하는 습관   ( )   ( )

9개 이상의 습관을 바꾸겠다고 응답했다면 당신도 부자가 될 수 있다.

02
부자는 어떻게 만들어지는가

충복향을 가져라

내가 창조한 개념인 충복향euphorinization이란 '자신도 모르게 가슴 속에 벅차오르는 자극의 홍수'를 의미한다. 정상적인 경로로 부자의 길에 들어선 사람의 말과 생각, 행동에서 충복향을 자주 찾아볼 수 있다.

충복향이란 '자신이 정한 꿈에 완전히 몰입하면서, 어떠한 아픔이나 한계도 뛰어넘는 정신 충만의 과정'이다. 소프트웨어의 황제 빌 게이츠가 며칠 밤을 새워서 프로그래밍을 하다가 쓰러져 새로 온 여비서의 발길에 밟힌 뒤 일어났다는 일화가 바로 충복향의 사례이다. 직원 두 명을 두고 사과 박스 위에 올라가서 창업식을 하면서도 웅

대한 포부를 밝혔다는 손정의 소프트뱅크 회장 역시 충복향에 빠져 있었다.

30만 원으로 사업을 시작해 3조 원의 매출을 올리는 회사로 키워낸 한 사업가는 특강 자리에서 이렇게 말한 바 있다.

"저는 온몸이 광고판입니다. 제 양복에도 우리 회사 이름이 새겨져 있지요. 자, 보세요. 넥타이, 와이셔츠, 심지어 속옷까지 회사명으로 '가득 차' 있습니다."

부동산 업자인 한 30대 여성은 부자 동네에 아주 넓은 집을 장만했다. 그녀는 회사원이던 시절, 밤에 계란을 삶아서 회사에 가져가 동료들에게 팔았다고 한다. 그녀는 정작 자신은 굶으면서 동료들에게 장사를 했지만 전혀 창피하지가 않았다고 말했다.

꿈을 이루기 위해 자신의 모든 것을 걸고 노력하는 순간에는 아무것도 두려울 게 없다. 무조건 성공할 수 있다고 스스로 확신할 수 있다. 모든 일을 직접 추진하면서 단 1퍼센트의 실패 가능성도 의심하지 않았다는 고 정주영 현대그룹 명예회장도 충복향을 대표하는 인물이다. 아픈 줄도 모르고, 창피한 줄도 모르고, 일을 계속하는 것은 '보통 사람들은 느끼기 힘든 부자만의 낙'이 있기 때문이다. 이렇듯 자수성가한 부자들에게서 자주 표출되는 충복향은 아직 부자가 되지 못한 사람들이 배워야 할 가치다. '외부의 장애는 내 힘으로 모두 헤쳐나갈 수 있다'는 자기최면에서 생긴 무한한 '확신'이 실제로 성과를 만든다.

"돌아오는 어음을 막을 길이 없었는데 된다는 확신 아래 직원들과

밤새 공장을 돌렸더니 아침에 길이 열리더라고요."

어느 기업 회장의 말이다. 또 다른 50대 부자는 얼마 전 내게 이렇게 말했다.

"폭풍우 속에서도 계약 내용을 지키려고 트럭을 몰고 갔습니다. 그런데도 전혀 두렵지 않았습니다. 얼마 전 일본에 일어난 것처럼 아무리 강한 지진이 와도 저는 일을 제대로 해낼 겁니다. 제 말이 '수표'라는 걸 보여주려고요."

그는 뚜렷한 자기확신을 가진 강인한 부자이다.

'충복향 부자'들은 자신이 부자라는 사실을 한없이 기쁘게 생각하면서 기회가 될 때마다 스스로를 세상에 알리려고 한다. "저의 경험을 세상에 알리고 싶습니다"라고 내게 제안한 부자들도 있었다. 나는 그런 부자들을 오프라인 강의와 애플리케이션을 통해 세상에 소개하고 있다. 우리나라의 30만 부자들 중 상당수는 충복향을 경험했을 것이다. '반드시 된다'는 확신으로 미친 듯이 매진해 자신의 한계를 하나씩 뛰어넘는 경험 없이 수십 대 일의 경쟁을 극복하고 부자가 되기는 거의 불가능하다. 어쩌다 한탕 해서 떼돈을 번 '나이롱' 부자, 눈먼 돈을 슬쩍 가져가는 사이비 부자, 그리고 '깡'을 밥 먹듯 하면서 탈세를 일삼는 무자료거래 부자는 충복향의 정신과 가치가 무엇인지 모른다. 사악한 부자들은 줄어들고 진정한 충복향 부자들이 늘어나는 그런 세상이 되길 바란다.

과정 압축의 천재가 되라

남들은 4년 걸릴 일을 1년 안에 해결하는 사람, 다른 이는 배워야 할 수 있는 일을 배우지 않고도 해내는 사람, 없어도 전혀 문제가 되지 않는 것을 없애는 일. 이것들이 바로 부자 압축이다. 부자가 되려면 창조의 화신이 되어야 한다. 과정 압축process cut은 가치 창조의 중요한 요소 중 하나이다.

별로 힘들이지 않고도 3개월이면 달성 가능한 목표가 있을 것이다. 이의 100배를 3년 목표로 설정하고, 3년 과정을 1년으로 단축하면 쉽게 부자가 될 수 있다. 목표 달성에 직접적인 영향을 미치는 일들 중에서 최우선적인 것들만을 뽑아 그 일만을 하면 되는 것이다.

남들은 청하를 넣은 우동을 만드는 데 6개월이 걸렸다면, 나는 막걸리를 넣은 비빔밥을 한 달 안에 만들겠다는 각오를 해야 한다. 대박을 친 우동 육수를 만들어낸 사람을 찾아가 우동 100그릇에 해당하는 돈을 미리 주고 앞으로 100번 찾아와 우동을 먹을 테니 비법을 가르쳐달라고 하면 미소를 지으며 살짝 귀띔해줄 것이다. 대한민국에서 최초로 크리스털 액자를 만든 사람, 와인 사업을 최초로 시작한 사람은 부자가 될 수밖에 없다.

만약 아파트를 팔 일이 생겼다고 가정해보자. 요새 아파트가 잘 팔리지 않으니, 가격을 낮추어달라는 부동산 중개업자에게 미리 수표를 건네고 가격을 좀 올려서 잘 팔아주면 복비를 3배로 주겠다고 하면 그는 부리나케 전화를 해댈 것이다.

나의 지인 중에는 대학 진학 대신 돈을 벌고 싶었지만 시골에 계신 부모님의 성화 때문에 야간대학에 입학한 이가 있다. 그는 대학에 다니면서도 새벽 6시에 일어나 남대문시장에서 옷을 팔고 저녁에는 공부를 했다. 이제 50대가 넘은 그는 어엿한 사장님이 되었다. 그는 남들처럼 대학을 졸업하고 나서 취업할 걱정을 하지 않아도 됐다.

요즘 청년실업이 사회적으로 심각한 문제라고 한다. 하지만 아무리 상황이 어려워도 과정 압축을 하면 무지갯빛 미래를 볼 수 있다.

이왕 대학에 입학했다면 1학년 때부터 인턴으로 일하고, 3학년 때는 중소기업에 취직하는 방법을 쓸 수도 있다. 수업은 몰아서 듣고 주말에도 회사에 나가 일하면 좋은 결과가 생기지 않을까. 두 개 이상의 아르바이트를 하는 것을 생활화하고, 그다지 친하지 않은 친구들과는 만나지 않는다. 1학년 때 경험 삼아 미팅을 한 번 해보고 그 이후로는 부자가 되는 데 전념한다. 미래에 훌륭한 부자가 되기 위해 한라산처럼 큰 목표를 세우면 삶의 방향이 뚜렷해져 시행착오를 겪지 않을 수 있다.

은행 지점장이 은행 밖에서도 고개를 90도 숙이는 사람은 부자이므로 어떻게 해서든 사귀려고 노력한다. 일단 식사를 같이 하자고 하면서 배움을 청한다. 그 사람의 성공 신화를 자신에게 맞게 변형해 그가 성공하는 데 걸린 시간의 딱 절반 만에 성공할 수 있도록 노력한다. 그 과정에서 모르는 게 있으면 대형 서점에 나가 몇 권의 책을 속독하고 그 내용을 이해하도록 노력한다.

군대 전역 후에는 학교로 곧장 돌아가기보다는 그동안 머릿속에 있었던 계획을 실천해본다. 이를테면 세무서에 가서 사업자등록을 하고 한 달 안에 승부를 내는 것이다. 한 달 만에 성공할 가능성이 있다고 판단되면 형제들을 모두 끌어들여 법인을 낸다. 이때 유의할 점은 아무리 친인척의 돈을 빌려서 창업을 했다고 해도, 주식은 100퍼센트 자신의 이름으로 해야 한다는 것이다. 또한 빌린 돈은 후에 상황이 안정되고 나면 바로 갚는다.

빛보다 빠르게 움직이면서 나의 모든 시간, 심지어는 숨을 쉬는 아주 짧은 순간에도 일을 멈추지 않겠다고 마음먹는다. 남들이 못하겠다고 포기한 일들을 성공시키려 시도하고 그들이 왜 실패했는지 그 이유를 찾고자 노력한다. 에디슨은 무려 2000번이 넘게 실패한 끝에 전기를 발명했다. 이 사실을 항상 마음에 새기고 나도 무슨 일이든 2000번까지는 시도해보겠다고 자신과 약속을 한다.

이 밖에도 일상생활에서 실천할 수 있는 일들이 많다. 하루에 두 끼만 먹으면 돈도 아끼고 몸도 날씬해진다. 이메일을 이용해 약속을 정하는 습관을 기르고, 인터넷에서 아무리 검색해도 정보가 나오지 않는 일만 시도한다. 그렇게 하면 새로운 시스템을 발견해 세계적으로 창조적인 창업자가 될 수 있다. 자동차는 필수품이 아니기에 없어도 된다.

위의 사항들을 실천하고, 내가 생각한 것을 사람들이 좋아하도록 만들 수 있다면 과정 압축의 천재가 될 수 있다. 환상적인 아이폰을 만들었던 고 스티브 잡스처럼 말이다.

시간 단축과 공간 압축을 동시에 추진하라

빌 게이츠, 스티브 잡스, 마크 주커버그의 공통점은 무엇일까? 그들은 모두 대학을 중퇴했다. 사실 부자가 되는 것과 학력은 그다지 상관이 없다. 학력이 높으면 부자가 되는 게 아니라, 학력을 높이려고 노력을 쏟아부으면 어느 정도는 부자가 될 수 있다는 말이 맞다.

지구상의 부자 약 1100만 명은 '자기 생각대로 운영할 수 있는 자신만의 일을 만들어서' 부자 반열에 올랐다. 세계적인 부자 전문가들이 공통적으로 언급하는 '부자가 되는 법'에서 부자란 바로 자수성가형 사업가self-employed businessman를 말한다.

미국 대학 졸업생의 85퍼센트가 원하는 직업을 찾지 못한다고 한다. 또 우리나라 대졸자의 약 10퍼센트만이 대기업에 취직한다. 청년 실업과 대학 등록금 문제를 해결하기 위해 나는 '시간 공간 병렬 정위time-space juxta-position'라는 개념을 만들었다. 말이 조금 어렵긴 하지만, 시간 단축과 공간 압축을 동시에 추진한다는 뜻이다.

내가 아는 나이 지긋한 회장님은 이렇게 말했다.

"젊은이들이 왜 취업만 하려는지 도통 이해가 가질 않아요. 1960년대엔 취업할 곳이 없어서 맨손으로 창업했는데 말이죠."

그는 연매출 1000억 원대의 중소기업을 소유하고, 100억 원이 훨씬 넘는 개인 재산을 가진 부자이다.

청년창업이 가능한 분야들은 인터넷, 디자인, 외식, 유통업 등이다. 전국의 거의 모든 대학에서 이들 분야와 관련된 전문 지식을 가르치고 있다. 그러나 현장 지식은 직접 몸으로 부딪쳐봐야만 터득할 수 있으니 이 점을 유의하길 바란다.

다시 앞의 이야기로 돌아와서 나는 정부가 청년창업을 지원해주어야 한다고 생각한다. 정부에서는 현재 다섯 개인 홈쇼핑 채널을 배 이상으로 늘리고, 그중 절반을 청년들이 창업한 기업체들의 제품과 서비스를 판매하는 채널로 활용할 필요가 있다. 홈쇼핑 채널을 늘리는 것은 비용 투입이 크지 않으면서도 창업 판매망을 대폭적으로 늘릴 수 있는 획기적인 방안이다. 홈쇼핑에서 국내 판매력이 입증된 제품들은 대기업들의 해외 판매망을 통해 중국과 일본에 판매하는 것도 가능하다. 청년기업들이 중국과 일본으로 진출할 수 있도록 정부와 대기업이 돕는다면 20~30대의 실업난을 해소하는 데 큰 도움이 될 것이다. 중국은 의류를 팔기에 좋고, 일본은 인터넷 쪽이 약하니 우리 젊은이들에게는 돈을 벌 수 있는 기회이다.

만약 청년들이 개발한 시제품들이 질은 좋으나 판매가 어렵다면 청년기업과 대기업 간의 공간 병합을 시도해볼 수도 있다. 대기업이 공간을 제공하고, 청년기업들이 개발한 가능성 있는 제품을 선별해서 상품화한 다음, 청년기업에 로열티를 주는 형식으로 판매하는 방법도 가능하다.

다음에는 내가 창안한 개념들을 통합해서 만든, 부자가 되는 5단계가 제시되어 있다.

1단계: 원칙 수립

원칙 수립principle establishment이란 자기가 세운 원칙들은 무덤에 가서도 지킨다는 자신과의 굳은 약속이다.

이를테면 밥값부터 아낀다는 원칙을 세울 수 있다. 이는 목숨을 지탱하는 데 절대적으로 필요한 밥값도 아끼는데 다른 것은 왜 아끼지 못하겠느냐는 의미를 부여할 수 있는 원칙이다.

또 술값은 술에 취하기 전에 먼저 낸다는 원칙을 세울 수 있다. 이러한 원칙을 세우면 절대 과음하지 않을 수 있다. 만약 소주 두 병에 곱창을 먹는다면, 소주를 두 병째 시켰을 때 술값을 계산해버리면 된다. 미리 돈을 내면 소주 두 병을 마신 이후에 또 돈을 꺼내서 소주 한 병을 시키는 일이 귀찮아진다. 그러면 소주 두 병 이상을 마시기 어려워질 수밖에 없다.

원칙을 깨면 절친한 친구도 없다는 굳은 마음을 가지고 오늘부터 이 원칙을 지켜보자.

2단계: 충복 지향

충복 지향euphoric orientation이란 충복향을 하기 위한 준비 단계이다. 즉, 스스로 부자가 될 수 있다고 확신하면서 정신력을 키워나가는 단계이다.

성공하려면 실수를 해도 웃어넘기고, 창피함을 느끼지 못하는 (아니, 외면하는) 심적인 대담함을 가져야 한다.

60세부터 시작해서 부자에 성공한 경우도 있는데, 새파란 청춘의 내가 왜 못하겠냐는 자신감을 가지고서 부자에 도전하자. 또한 배운 것이 없어도 충분히 부자가 될 수 있다. 그러니 학교에서 배우지 않아도 부자가 될 수 있다는 확신을 가지자.

3단계: 과정 압축

과정 압축은 내 인생에 별로 도움이 되지 않는 과정은 그게 무엇이든 압축 내지 생략한다는 뜻이다. 3년 동안 고등학교를 다니는 것보다 홈스쿨링으로 검정고시를 봐서 대학에 진학하는 게 더 빠르겠다고 판단되면 고등학교는 중퇴하는 편이 낫다.

석사라는 자격이 별로 필요 없을 것이라고 생각되면 학부 과정을 마치고서 바로 박사가 되는 것이 과정 압축의 한 예다.

별로 필요하지 않은 것, 중요하지 않은 것은 과감히 뛰어넘는 사람이 부자가 될 수 있다. 생략하고 또 생략하자.

4단계: 습관 변화

습관 변화habit change는 일주일에 한 번씩 습관을 바꾸도록 노력하는 것이다. 물론 오랫동안 생긴 습관을 일주일 안에 바꾼다는 것은 쉬운 일이 아니지만, 일주일 동안 그 노력을 계속 기울여야 한다. 빌 게이츠는 매일 습관을 바꾸겠다는 각오로 살았다고 하는데, 나는 매일은 아니더라도 매주 습관을 바꾸려는 노력을 하겠다는 다짐을 해야 한다.

예를 들어 아주 긴요할 때 현금서비스를 받을 목적이 아니라면,

돈 먹는 하마인 신용카드를 가위로 싹둑 잘라버릴 수 있다. 얼음보다 더 차가운 마음을 가지고서 인생에 걸림돌이 되는 습관들을 없애보자.

5단계: 목표 상향

목표 상향goal enhancement은 과정 압축으로 어느 정도 성과가 나면 바로 다음에 성취할 목표를 세우는 것이다. 이때 목표는 그 전보다 3배 이상 원대해야 한다. 목표를 크게 가져야 큰일을 할 수 있기 때문이다.

[테스트] 부자가 되기 위한 5단계

1 전혀 동의하지 않는다　**2** 거의 동의하지 않는다　**3** 동의하지도 부정하지도 않는다　**4** 약간 동의한다　**5** 매우 동의한다

(1) 나는 일주일에 100시간 이상 일한다.	1 2 3 4 5
(2) 나는 내가 쓰고 싶은 돈의 절반 이하만 쓴다.	1 2 3 4 5
(3) 나는 일곱 번을 실패해도 다시 도전한다.	1 2 3 4 5
(4) 나는 남들이 하지 않은 일만 한다.	1 2 3 4 5
(5) 나는 내가 하고 싶은 일은 120퍼센트 달성할 수 있다고 확신한다.	1 2 3 4 5
(6) 나는 완전히 일에 빠져 있어서 남들이 미쳤다고 해도 신경 쓰지 않는다.	1 2 3 4 5
(7) 나는 하고 싶은 일을 하면 모든 괴로움이 사라진다.	1 2 3 4 5
(8) 나는 어떤 어려움이 있어도 극복할 수 있다고 믿는다.	1 2 3 4 5
(9) 나는 핵심이 아닌 것은 다 없애도 상관없다고 생각한다.	1 2 3 4 5

(10) 나는 내게 도움이 되는 일만 한다.   1 2 3 4 5

(11) 나는 남들에 비해 절반의 노력만 들이고도 일을 해결한다.   1 2 3 4 5

(12) 나는 최종 목표와 관련이 없는 일은 하지 않아도 된다고 생각   1 2 3 4 5
     한다.

(13) 나는 내 목적을 실현하는 데 도움이 되지 않는 습관은 기꺼이   1 2 3 4 5
     바꾼다.

(14) 나는 매월 내게 도움이 될 새로운 습관을 찾고 기른다.   1 2 3 4 5

(15) 나는 신뢰할 만한 사람 3명 이상이 지적하는 습관은 반드시   1 2 3 4 5
     바꾼다.

(16) 나는 시간 단축형 습관만 유지한다.   1 2 3 4 5

(17) 나는 언제나 과거보다 더 높은 목표를 세운다.   1 2 3 4 5

(18) 나는 실패한 뒤에도 더 큰 목표를 세운다.   1 2 3 4 5

(19) 나는 일이 잘될 것 같으면 더 큰 목표를 세운다.   1 2 3 4 5

(20) 나는 남들이 생각지도 못한 목표를 세운다.   1 2 3 4 5

80점 이상: 부자가 될 수 있다.

60~79점: 부자가 되려면 많은 노력이 필요하다.

59점 이하: 부자가 되기 힘들다.

03

진실성은 부자의 필수 조건이다

부자들만 걸리는 부자병

부자병이라는 말을 들어본 적이 있는가. 부자병affluenza(어플루엔자)은 휘트만이라는 사람이 풍부함을 뜻하는 affluence와 질병을 뜻하는 influenza를 조합해서 만든 신조어이다. 부자병은 자본의 풍족함에서 오는 심리적 망가짐을 의미한다. 이 부자병은 부자들이 과도한 탐욕을 부리면서 생기는 정신적인 장애와 육체적인 증상을 포괄적으로 설명하는 용어이다. 욕구가 너무 지나치면 우울증이나 무력감에 시달리기 쉬운데, 그것을 해소하기 위해 쇼핑 등 각종 중독에 빠지고, 결국에는 만성 울혈과 스트레스로 자살까지 할 수도 있다는 논리다.

전 세계적으로 과도한 풍요 속에서 살아가면서 허무를 느끼는 사람들이 늘어나고 있다. 심각한 부자병을 앓는 이들 또한 많다. 실제로 부잣집 여인들이 육체적 타락에 빠지거나, 부자 남성들이 새로운 쾌감을 느끼기 위해 남에게 돈을 주고 자신을 채찍으로 때리라는 요구를 하는 등의 일이 일어나고 있다.

부자병에 걸리면 성적으로만 타락하는 게 아니다. 기네스북의 기록에 의하면, 6명이 저녁식사 비용으로 약 8800만 원을 사용한 일이 있다고 한다. 영국 바클레이즈은행의 임원 6명이 개인 돈으로 2000만 원이 넘는 포도주를 마시면서 한 끼 식사를 했다는 것이다. 이는 부자병의 전형적인 사례다.

우리나라에서도 부자들이 허무함에 못 이겨 희한한 행태들을 보이는 경우가 종종 있다. 이른 아침에 술집에 가 '권총 쏘는 놀이'를 하면서 양주에 흠뻑 취하거나, 점심때 일식집에 가 혼자서 노래를 부르며 안주를 집어 던지는 등의 일이 그렇다. 또 자신의 신발에 술을 가득 붓고는 그걸 마시라고 강요하는 부자도 있다고 한다. 어처구니없는 나쁜 행동을 일삼다가 몹쓸 병에 걸려서 생을 단축하는 사람들도 종종 있다.

부자는 과도한 물질로 인한 스트레스를 견뎌내야 한다. 정신적으로 피곤하더라도 부자병을 극복하기 위한 자기 훈련을 계속해야만 제대로 된 부자 인생을 살아갈 수 있다. 이타적인 삶을 사는 것도 부자병을 극복하는 데 도움이 된다.

부자 스트레스는 1000만 원이 넘는 발렌타인 40년산을 마신다고 해결되지 않는다. 유럽 부자들처럼 타히티 섬으로 휴가를 간다고 해서 풀 수 있는 것도 아니다. 정신적인 스트레스는 편안한 마음으로 풀어나가야 한다.

기부는 진실하게 하라

기부는 세상을 향해 자신의 열린 마음을 보여주는 행위이므로 반드시 진실성을 전제로 해야 한다. 단순히 남아도는 돈을 타인에게 주는 것보다 애써 번 돈을 기부하는 게 훨씬 더 의미 있는 일이다.

그런데 부자들 중에는 그저 체면치레로 마음에도 없는 기부를 하는 이들이 많다. 그들은 고급 모피를 휘감고 외제 승용차를 타고 와서는 카메라 앞에서 빈한한 분들의 손을 부여잡는다. 그러고는 앵글이 돌아가면 바로 화장실에 가서 손을 수십 차례 씻는다. 이런 부자 여인들의 행동은 '위선'이라고밖에는 달리 표현할 길이 없다.

명예를 얻을 목적으로 타깃 기부를 하는 남성 부자들도 꽤 있다. 자신이 바라는 조건을 몇 번에 걸쳐 제시하고는 일이 자기 마음대로 돌아갈 때에만 더럽게 번 돈의 일부를, 그것도 아주 조금 내놓으면서 미소 짓는 부자들의 행태는 '가증'이라는 말로밖에 표현할 수 없을 것이다.

폼을 잡기 위한 기부나 사치를 부리면서 하는 위선적인 기부라고 해도 하지 않는 것보다는 나을 수 있다. 그러나 진실성이 결여된 기부는 아예 하지 않는 것이 자신을 덜 속이고, 사회를 혼탁하게 하지 않는 길임을 깨닫는 부자들이 늘어나기를 바란다.

부자라서 받는 고통에서 벗어나기

부자 고통affluent pain에는 물질 집착과 외부 유혹이 있다.

물질 집착

"나의 인생은 오로지 돈에 달려 있다"며 물질에 집착하는 사람은 고통에 시달릴 수밖에 없다. 물질욕은 식욕보다 훨씬 더 탐욕스러워서 아무리 채워도 끝이 없다.

내가 아는 한 부자는 다음과 같이 고백했다.

"재산이 10억쯤 되었을 땐 그냥 편안했는데, 100억 원이 넘으니 불안해지고, 1000억 원이 넘으니 더 벌고 싶어 미칠 지경입니다."

이처럼 물질 집착 욕구는 돈을 벌면 벌수록 더욱더 심해진다.

나는 아무것도 가진 것이 없다고 생각하고 하루하루를 편안하게 사는 사람만이 숙면을 취할 수 있다. 은행 통장 수십 개를 만들어 책상 서랍 안 깊숙이 넣어두고 잠자기 전에 몇 번이고 꺼내 확인하는 습관은 악귀를 불러들인다.

나는 물질에서 벗어난 부자, 아무것도 가진 것이 없는 듯이 사는 부자들이 늘어나길 바란다.

물질보다는 마음에 무게를 두는 편이 고통에서 벗어나는 좋은 길이다. 형체 있는 것은 날카로워서 사람을 벨 수 있으나, 형체 없는 정신은 그냥 수증기같이 증발해버릴 뿐임을 명심하자.

외부 유혹

부자가 되면 주위에서 알게 모르게 많은 손길을 뻗친다. 기부 요청부터 시작해서 이성적인 접근까지 내 신분이 노출된다. 시도 때도 없이 울리는 휴대폰 전화벨 소리에 대처하기도 쉽지 않다.

그러나 돈의 마력이 다하면 냉정하게 뒤돌아서는 유혹자들의 뒷모습을 보면 쓸쓸한 느낌이 강하게 든다. 유혹에 빠지지 않으려면 '마치 부자가 아닌 것처럼 산다'는 철칙을 지켜야 한다.

물질 자체에는 그다지 흥미가 없다는 워렌 버핏의 집에는 장식품이 거의 없다고 한다. 그의 집에 들어온 도둑이 세계 최고 부자의 집에 가져갈 게 없다는 걸 알고는 그냥 나갔다는 일화는 부자가 유혹을 피하는 비법을 전해준다.

04
부자 가족이 사는 법

자녀에게 결핍 가르치기

학교교육을 제대로 받지 않아도 부자가 될 수 있다. 물론 학교교육의 효과를 격하하려는 의도는 아니다. 자기 스스로 노력하는 게 더 중요함을 강조하기 위해 하는 말이다. 가령 홍콩의 리카싱 회장은 기초 교육을 받은 것이 학력의 전부이지만 아시아의 최고 부자 중 한 사람이 되었다.

자식이 귀여우면 귀여울수록 더욱더 경험을 많이 쌓을 수 있도록 훈련시켜야 한다. 윤석금 웅진그룹 회장은 자녀들에게 다양한 연애를 해보라고 권유했다고 한다. 연애를 많이 하면 할수록 여러 유형의 이성을 만날 수 있고, 그러면 결혼 상대자를 제대로 선택할 수 있다는 논리이다.

유태교의 경전인 탈무드에는 경제 교육을 잘 시키는 사람이 현명한 부모라는 내용이 나온다. 그렇지 않은 부모는 자녀를 망친다는 것이다. 자식에게 결핍을 가르쳐주는 것은 부모의 의무이다. 빌 게이츠는 자식들에게 일주일에 1달러만 주고는 "결핍을 느껴보라"고 말했다고 한다.

너무 많은 재산은 가족을 망친다. 세상에는 타인의 재산을 빼앗아 부자가 된 아버지, 그 모습을 그대로 닮은 자식으로 이루어진 이기적인 부자 가족들이 있다. 이는 세상이 부자를 나쁘게 인식하게 만드는 주요 요인 중 하나이다.

불행한 부자들에게는 자식이 없다. 그들은 자식이 아니라 재산 상속자일 뿐이다.

재물은 정신의 소산이다

다음은 내가 가르치는 서울여대 학생 한 명이 직접 겪은 일이다. 그 학생은 부자를 인터뷰하는 과정에서 '우리 아빠가 부자'라는 사실을 처음으로 알았다고 한다. 나의 부자학 수업을 수강한 이 학생은 어릴 때부터 궁핍하게 살아왔다. 대학에 들어와서는 등록금만 주고는 용돈은 스스로 벌어 쓰라는 아버지의 말에 아르바이트를 몇 개씩 하면서 스스로 책값과 용돈을 벌었다.

그 학생은 냉소적인 태도로 부자학을 수강 신청했고, 수업 시간에 '부자의 진정한 철학과 모습'을 배울 때도 시큰둥했다고 한다. 그런데 그는 부자를 찾아가 인터뷰를 하면서 '자기 아빠보다 훨씬 더 냉정하게 자녀들을 교육시키는 모습'을 보았다고 한다. 그 부자는 자식들에게 용돈은 물론 등록금조차 주지 않았다.

집에 돌아와 저녁 식탁에 앉은 그 학생은 "요새 학교에서 무엇을 배우냐?"는 아버지의 질문에 "오늘 부자를 한 명 만났는데 등록금도 주지 않았다"며 "아주 짜고 짠 게 부자라는 것을 느꼈다"고 대답했다. 그러자 아버지는 자리에서 일어나 방으로 가더니 통장 하나를 가져와 건넸다고 한다. 그 학생의 명의로 된 통장에는 거금이 입금되어 있었다.

자신을 멍하니 쳐다보는 딸에게 아버지는 다음과 같이럼 말했다고 한다.

"무남독녀인 네가 재산을 오래 지키려면 힘들고 어렵게 살아봐야 한다고 생각했다."

21세기 현재의 세계 5대 부자 지역은 미국과 중국, 일본, 유럽, 중동이다. 이 5대 지역에서 막대한 재산을 바탕으로 지도력을 발휘하는 부자들 중 상당수가 혈연기업을 소유하고 있다. 혈연기업의 장점은 창업주와 가족 간의 신뢰를 바탕으로 재산 축적에 전력을 다할 수 있다는 것이다. 기업이 일정 규모가 될 때까지 가족 구성원들은 전부 내 일처럼 비즈니스를 추진력 있게 밀고 나간다. 그러면서 부자 가문을 이룩하는 것이다.

물론 때가 되면(창업주가 세상을 하직하기 전후에) 가족들 간에 재산 배분을 하기도 한다. 그렇다고 해도 가족들은 서로 정보와 자금을 지원해주고 협력하는 방식으로 가문의 재산을 늘릴 수 있다. 대한민국의 30대 재벌들을 분가하기 전의 창업주의 이름으로 묶어보면 몇 개 집단으로 줄어드는데 이는 혈연기업의 힘을 잘 말해준다.

재물은 잘못 쓰면 손안의 독이 된다. 가문의 재산이 많다고 하더라도 창업주나 주요 의사결정자들이 영민하지 못해 판단 착오를 하면 분쟁이 일어나 가문이 분할되기 쉽다. 심지어는 서로를 죽이는 일까지 벌어져 사회를 혼탁하게 만든다. 독점사업으로 이룬 부자 가문을 내부 분열로 한순간에 잿더미로 만들기도 한다. 유럽의 수백 년 된 성을 통째로 사서 미국으로 가져가려고 하거나, 코끼리가 집안에서 어슬렁거리는 아프리카를 재현하려는 허욕을 가진 부자는 가문을 몰락하게 만든다. 절세미인을 서로 쟁취하려고 싸움을 벌이는 형제도 마찬가지다.

산업화, 세계화, 정보화로 인해 부자들의 재산규모가 점점 더 커지고 있다. 소유의 제한이 있는 부동산에서 제한이 거의 없는 주식이 재산의 많은 부분을 차지하게 된 것도 거부가 나타나는 데 한몫했다. 그러나 창업주나 1세대가 소유한 주식은 날아가버릴 가능성이 많다. 창업주가 물러났다는 이유만으로 수십억 달러에 달하는 시가총액이 한순간에 반토막 나는 경우도 비일비재하다.

창업주도 인간이므로 충분히 실수를 할 수 있다. 갖고 있던 재산을 순식간에 탕진할 수도 있다. 그러나 탄탄한 가문 헌장과 가문 재단을 가지고 있는 경우는 다르다. 100년이 넘게 유지되어 온 거의 모든 부자 가문들은 자신들만의 문화와 가문의 부를 유지하려고 온갖 노력을 기울인다. 부자에 대한 깊이 있는 지식을 가진 사람들, 즉 종교인, 법조인, 금융인, 각종 사회단체의 일원 등에게 조언을 받아 재산의 형태와 그것의 유지 방식을 결정하는 것이 그 예다. 우리나라도 2000년대를 넘어서면서 전문가들의 도움을 받아 부를 유지, 확대하려는 가문들이 생겨나고 있다.

재물이 약이 될지, 독이 될지는 그것을 관리하는 사람들에 달려 있다. 따라서 천한 소유욕은 떨어뜨리고, 깊은 성취욕은 자극하는 방식으로 후손들을 훈련시킬 필요가 있다. 재물은 정신의 소산이라는 점을 기억하자. 혼이 흐트러지면 아무리 거대한 재물탑을 쌓는다고 해도 얼마 가지 못한다. 부자 가문은 '우리 가문을 이 세상 사람들이 영원토록 잊지 않게 만들자'는 목표를 가져야 한다. 그렇게 되면 세상 사람들이 앞장서서 우리 가문의 재산을 지켜줄 것이다.

우리나라 사람들의 개인주의 성향이 강해지면서 이혼율이 점점 늘어나고 있다. 부자도 개인주의 성향이 강해지는 추세이다. 개인주의는 혈연관계를 약화시키는 주범이다. 돈 문제로 얽히고설킨 확대가족은 많은 문제를 일으키며, 심지어는 가족을 상대로 한 소송까지 건다.

호화로운 요트, 넓은 정원, 전용기 등의 수집을 취미로 하는 부자들이 있다. 야후의 마크 쿠반은 4000만 달러가 넘는 걸프스트림브이Gulfstream-V 비행기를 인터넷으로 구입해 화제를 일으킨 적이 있다. 마이크로소프트의 폴 앨런은 수천만 달러짜리 10인승 개인용 잠수

함을 구매하기도 했다. 우리나라의 신라호텔에는 110평짜리의 초대형 룸이 있다고 한다. 한국을 찾은 국빈급들(스페인 국왕, 영국 공주, 러시아 대통령, 중국 총리, 마이클 잭슨 등)이 이 방에서 묵었다고 한다. 빌 게이츠도 한국을 처음 찾았을 때는 이 110평짜리 방에서 묵었는데, 그 이후에는 비교적 작은 35평짜리 방에서 지냈다고 한다. 그러나 실제 부자들 중에서 이처럼 물질을 소유하는 취미를 가진 이는 10퍼센트가 채 되지 않는다.

홍콩의 제일가는 부자인 리카싱 회장의 가문은 한때 홍콩 주식시장의 26퍼센트나 되는 주식을 소유한 적도 있다. 인도 부자들이 리히텐슈타인 등 해외에 빼돌린 자금이 1000조 원 이상이라고 한다. 이렇게 돈이 많은 부자라고 해도 어차피 죽을 때까지 다 못 쓰는 돈, 빨리 써야겠다고 생각하는 것은 잘못이다.

한 부자는 죽기 전에 모든 재산을 현찰화하라고 지시했다고 한다. 그는 그중 절반은 자신의 관에 묻고, 나머지 절반은 은행에 입금한 뒤 자손들에게 1년에 1퍼센트씩 꺼내 쓰라고 했다. 후손들이 100년 동안 자신에게 복종하게 하려는 속셈에서였다.

'종교의 절대자가 부르면 언제든지 가야 하는 미물에 불과한 인간'이 가진 것에 너무 많은 의미를 부여할 필요는 없다. '훅 하고 불면 없어질 나약한 존재 자체인 인간'이 손에 쥔 것들에 너무 집착할 필요는 없다.

100층이 넘는 빌딩을 소유해도, 차로 몇 시간을 달려도 끝이 없는 광활한 대지의 주인이어도 영원히 살 수는 없다.

05
종교와 부자

부자와 종교의 관계를 밝히는 세 가지 이론

필자가 만든 세 가지 이론들이다.

(1) 외부원천이론

세계에서 공인받고 있는 거의 모든 종교(불교, 기독교, 천주교, 유교, 이슬람교 등)는 절대자의 근원력을 인정한다. 종교인들은 초월자가 소유한 무언의 힘이 우리 세상의 부를 창조하는 데 막강한 영향력을 미친다고 믿고 있다. '모든 물질은 종교 창시자의 지원'을 받아서 형성되었다는 관념이 깊게 뿌리박혀 있는 것이다.

이것은 부의 원천이 '우리' 인간 내부에 있는 게 아니라 '창시자' 같은 외부에 있음을 암시한다. 내가 '외부원천이론'이라고 명명한 이 이론은 한마디로 우리의 노력도 중요하지만 외부의 절대적인 힘의 도움을 받아야 정신적·물질적으로 풍요를 누릴 수 있다는 뜻이다.

이는 우리가 흔히 이야기하는 '소유권'과는 다른 개념이다. 부동산 등기, 펀드 통장 개설 등으로 소유권을 확보하는 우리네 삶의 방식과는 전혀 차원이 다르다. 정신의 근본인 종교 창시자와의 영적 교류를 통해 정신적인 힘을 받아 물질적인 것들을 어느 정도 늘려갈 수 있다는 개념이다.

"제가 많은 물질을 가지고 편안한 삶을 누릴 수 있는 것은 하나님의 은총 덕분입니다"라는 어느 기독교 부자의 표현은 적절하다고 판단된다.

(2) 제한이론

미국에서는 돈의 영향력이 제한적이다. 돈으로 안 되는 게 너무 많다는 뜻이다. 부처님은 지혜의 복을 만들라고 말씀했다. 물질의 복을 만들라는 이야기는 한 적이 없다. 진정한 부자는 지식에서 나온다.

세상의 동력이 종교의 창시자에게 있다는 깨달음을 얻으면 스스로 욕심을 조절하게 된다. 큰 꿈을 가지고서 그것을 달성하기 위해 노심초사하다 보면, 그 결과로 어느 정도의 열매가 맺힌다. 그러면 또 다른 꿈을 가지고 그것을 성취하는 데 매진한다.

여기서 핵심은 무엇이든 성취를 이루려면 '신의 지원'이 필요하다는 믿음을 가져야 한다는 것이다. 유교적 깨달음이나 천주교적 교리를 터득한 후 달성한 일들은 종교 창시자가 은총을 베푼 결과이다. 또 거의 모든 종교가 '탐욕을 금기시'하는 것도 긍정적 결과를 가져온다.

인간은 합리적인 동물이다. 하지만 인간의 합리성은 제한되어 있다. 인간의 창조성 또한 제한이 있다. 지난 수백 년 동안 인간은 인류 역사상 가장 큰 발전을 이룩했다. 그렇더라도 우리의 능력은 절대자의 발뒤꿈치에도 미치지 못함을 인정해야 한다.

"부처님의 자비로 사는 제가 이만큼의 물질을 얻을 수 있었던 것에 만족합니다."

불교도인 어느 부자가 내게 한 말이다. 과연 소욕지족少慾知足의 가르침을 깨달은 자라고 할 만하다.

(3) 공유이론

종교 경전들은 공평한 삶을 강조한다. 헐벗은 자와 풍요로운 자가 더불어 살아야 한다고 가르친다. 거의 모든 종교가 많은 것을 소유한 자는 굶주린 자를 도와야 한다고 말한다. 예수, 부처, 공자, 무함마드 모두 이러한 가르침을 전했다.

공동 의식 속에서 이웃과 같은 삶을 살라는 절대자의 말씀을 곰곰이 새기면 '나와 이웃의 소유물이 공유되어 있음'을 깨달을 수 있다. 내 주머니에 든 100만 원짜리 수표에도 이웃의 땀이 배어 있고, 1억 원짜리 펀드에도 타인들의 수고가 깃들어 있으며, 내 명의로 된 100억 원짜리 빌딩도 타인들의 지원이 있었기에 내 것이 될 수 있었음을 알아야 한다.

사회 공유성은 우리 모두가 지원을 받는 동시에 다른 이를 지원해 주는 존재임을 시사한다. 공장 직원들의 땀과 성의가 있기에 내 회사의 매출이 늘어난다. 물론 사장이 적절한 지시를 내리는 것도 중요하지만 직원들이 열심히 일하지 않는다면 재산 늘리기는 불가능하다.

"무함마드는 제게 절대적 부자도 없고, 절대적 빈자도 없다는 가르침을 주었습니다."

이슬람교를 믿는 부자가 한 말이다. 우리 또한 무함마드의 가르침을 새겨들을 필요가 있다.

내가 개발한 종교와 관련된 세 가지 이론(외부원천이론, 제한이론, 공유이론)을 받아들이면 부자학의 핵심 개념들을 보다 쉽게 수용할 수 있다. 부자학이란 '가치활용'과 '사회만족'을 추구하는 학문이다. 가치의 창조, 확보는 종교적 믿음에 의해 어느 정도 달성될 수 있다. 물질의 소유권은 온전한 내 것이 아니며, 미처 물질을 확보하지 못한 사람들과 내가 가진 것을 공유한다는 사회만족의 개념을 명심하라.

종교로 이기심 가다듬기

황금옷의 사치

대한민국에는 부자들이 다니는 사찰과 교회가 꽤 있다. 서울의 어느 부유한 사찰은 1년 예산이 수백억 원 이상이라고 한다. 역시 서울에 위치한 한 교회는 은퇴하는 목사에게 80억 원이나 되는 퇴직금을 지급했다고 한다. 벤츠가 몇 대 주차되어 있는지를 보고 주지 스님과 담임 목사의 파워를 가늠하는 세태이다. 이러한 대형 종교기관에 들어오는 헌금 대부분은 부자인 신도들이 낸다.

황금옷을 입고 수입 차에서 내려 거만한 자태로 종교의식에 참여하는 이들, 또 그들에게 굽실거리는 사람들이 늘고 있다. 종교는 정신의 풍요를 추구하고자 믿는 것인데, 물질의 영향을 강하게 받고 있으니 아이러니하다.

종교를 제대로 믿는 신도들은 사치를 부리지 않는다. 마음 깊은 곳에서부터 자비와 사랑을 실천하는 사람들은 분에 넘치는 호사를 누리려고 하지 않는다.

어떻게 보면 종교는 부자를 억압하는 요소로 작용한다. 빈자와 부자가 같이 사는 세상을 강조하는 유교와 절대 부자와 절대 빈자가 없는 세상을 추구하는 이슬람교는 물질의 풍요를 찬양하지 않는다. 부처와 예수는 헐벗은 자들에게 도움을 주라고 가르친다. 물질이 부자만의 것이 아니라고 여기기 때문이다.

황금만능주의에 빠질 위험이 많은 부자들은 종교를 가지고서 자신을 가다듬어야 한다. 일신의 안일과 풍락이 인생 최고의 맛이 아님을 스스로 깨닫고, 겸손한 자세가 몸에 배어 있어야 참부자이다. 어느 종교건 경전을 살펴보면 황금손으로는 평안함을 얻지 못함을 거듭 강조한다.

법인명의로 임대한 수입차를 타고 와서 주차장 관리 집사들이 혹시라도 실수해 새 차에 흠집을 내면 어쩌나 하고 염려하며 목사의 설교를 듣는다면 종교의 가르침을 새겨들을 수가 없다. 독신의 고독함을 술로 다스리는 신부들에게 최고급 와인을 선물하면서 "우리 신부님은 말술이야" 하고 비웃는다면 신령한 목소리를 듣지 못한다.

종교적 이기주의

세상의 모든 종교는 거의 비슷한 맥락에서 '부의 원리'를 가르친다. 검소한 마음으로 자신이 하고 싶은 일을 행하면 충분히 부유해질 수 있다는 것이다. 명망 있는 종교들은 다른 종교들과 다투거나 벽을 두지 않는다. 또 종교적 이타심을 가지고서 많은 사회 활동을 벌인다.

가끔 적은 물질의 소유자들이 자신의 이기심을 채우려고 종교를 교묘히 이용하는 모습이 눈에 띈다. 하지만 진정한 종교는 어느 한 개인의 탐욕을 채워주기 위한 것이 아니다.

실제로 자신의 이름을 알리기 위한 수단으로 종교를 이용하는 저급한 부자들이 있다. 그들은 돈으로써 종교를 자기 마음대로 움직이려고 한다. '신도회'의 회장을 맡아 자주 한턱을 내고 자신에게 유리한 소문을 퍼뜨리는 식이다. '전도회'의 책임자로 임명되자마자 돈으로 잠재 신도들을 매수하는 일도 마다하지 않는다. 이 과정에서 자신의 이름을 크게 드날릴 수 있다는 즐거움을 한껏 느낀다.

종교적 이기주의는 올바른 종교 생활을 할 수 없게 만든다. 뿐만 아니라 종교기관을 유사 사회기관으로 타락시킨다. 종교는 사회의 거울이며 신성한 정신의 발현처이다. 돈에 물들어 타락한 종교 이기주의가 줄어들었으면 한다. 특히 부자들은 종교를 자신의 양명을 위한 도구로 이용하려는 마음을 버려야 한다. 그들이 기본 교리에 충실할 때 종교적 이기주의는 극복될 수 있다.

부자들은 왜 종교를 믿을까

신념은 부자를 겸손하게 만든다

나는 가끔 "부자가 되는 것과 종교를 믿는 것이 관계가 있습니까?"라는 질문을 받는다. 그러면 나는 "아주 깊은 관련이 있습니다" 하고 대답한다. 많은 분들이 의아해하는데, 실제로 부자와 종교는 아주 깊은 연관성을 가진다.

전 세계에서 가장 큰 물질의 축복을 받은 단일민족은 바로 유태민족이다. 탈무드에 나오는 이야기들은 모두 유태인들의 정신 재산이다. 그들은 국가 없이 떠돌아다니면서도 정신적으로 단결해 엄청난 재산을 모았다. 현재 미국의 주류 부자들 중 상당수가 유태계라는 사실만 봐도 이 점을 알 수 있다.

또한 일류 국가 중의 하나인 미국은 기독교 사상을 바탕으로 발전해왔다. 최고 국가의 하나로 떠오르고 있는 중국은 유교와 불교라는 정신적인 유산을 가지고 있다. 오일달러를 벌어들이는 중동의 국가들은 이슬람교를 믿는다. 유럽의 전통적인 부자 국가들은 천주교에 기초를 두고 있다.

대통령 취임식 때 열거되는 우리나라의 종교를 언급하자면 불교, 기독교, 천주교, 원불교 등등이 있다. 이 땅의 큰 부자들 중에는 불교를 믿는 이가 상당히 많다. 또 기독교를 믿는 신흥 부자들도 꽤 있다. 천주교, 원불교, 유교, 천도교 등을 믿는 부자 신도들도 많다.

종교는 부자들이 기대려고 하고 기대야만 하는 인간 세상의 주춧돌이다. 이는 수천 년 동안 변하지 않은 종교의 본질이기도 하다.

그러면 부자들이 종교에 심취하는 구체적인 이유는 무엇일까? 모든 종교는 창시자, 즉 절대자를 믿는다. 그들은 인간이 아니라 신이다. 절대적인 능력을 가진 초월자들이다.

대부분의 훌륭한 부자는 종교심이 깊으며 자신이 가진 재산이 종교적 절대자가 얻게 해준 열매일 뿐이라고 믿는다. 그들이 재물을 헤프게 사용하는 것을 죄악시하는 이유도 이 때문이다.

종교를 가지지 않은 물질 소유자들은 나이가 쉰만 넘어도 불행한 기운으로 가득 찬 인생을 산다. '주변 사람들이 내 돈을 노리고 있지는 않을까?' '나와 내 가족의 신변은 안전한가?' 빈약한 정신을 가진 부자는 갖가지 의심에 시달린다. 그들은 운전기사가 조금이라도 이상한 낌새를 보일라치면 바로 해고하고 다른 사람을 찾는다. 황금이 불을 덮고 잠자리에 들어도 잠이 오지 않아서 뒤척이다가 새벽을 맞이한다. 술, 도박 등 온갖 향락을 부려도 허무감에서 벗어나기가 쉽지 않다. 이처럼 종교를 가지지 않은 부자들은 물질은 풍요로우나 정신적으로 빈곤한 인생을 산다.

나는 힘들게 세상을 살아가는 비종교인 부자들과 자주 대화를 하면서 왜 그렇게 일찍부터 종교가 발생하고 발달했는지를 깨달았다.

잉여 재산을 가진 부자는 자신이 하고 싶은 일을 거의 다 할 수 있다. 예를 들면 자주 가는 중국집이 마음에 든다는 이유로 가게를 아예 인수해버린 부자도 있다.

그러나 인간은 나이가 들면서 그 누구도 회피할 수 없는 죽음의 문제에 가까이 다가설 수밖에 없다. 몸이 늙고 약해지고 죽음의 그림자가 눈앞에 다가오는 것을 느끼면서 한낱 나약한 인간이 된다. 부자가 아니었을 때는 힘이 없었는데 부자가 되니 갑자기 힘이 생겼다고 착각하고 살다가, 결국엔 물질이 노쇠한 육체를 돌봐줄 수 없다는 사실을 깨닫는 것이다.

만고 불사, 영생하겠다고 전 재산의 반을 쏟아부어도 결과는 허무하다. 세상의 모든 영광을 양손에 움켜쥐겠다고 악을 써도 어쩔 수 없다.

내가 정신과 몸을 의탁할 절대자가 존재한다고 느끼는 순간, 부자는 겸손해진다. 그리고 세상에서 바라는 올바른 부자의 길로 들어선다.

심적 편안함을 주는 종교

"내 돈을 노리는 사악한 눈빛들이 너무 많아서 도대체 잠이 오질 않아."

이렇게 하소연하는 부자들에게 내가 항상 하는 말이 있다.

"이 세상의 어떤 종교든 상관없으니 자신에게 맞는 종교를 선택해 진심으로 믿어보십시오. 그러면 마음이 편해질 겁니다."

반면 종교를 가진 부자들은 어떤 삶을 살고 있을까? 그들은 과거의 행복한 경험들을 반추하면서 종교를 믿다가 제2의 다른 인생을 맞이하려고 죽음 KTX를 타고 편안하게 저세상으로 간다.

종교는 정신에서 출발해 물질과 사회로 확산되는 경향이 있다. 종교의 참뜻은 부자학에서 내리는 부자의 정의와 본질적으로 통한다. 부자들은 인생의 참뜻을 깨닫게 해주는 경전을 읽으면 심적 안정감을 찾는다.

연로한 부자에게 "사형수가 죽기 직전에 찬송가를 부르며 즐거운 표정으로 사형장에 들어섰다고 합니다"라는 이야기를 하면 그는 종교를 믿으면 생전에 지은 죄를 면할 수 있느냐고 묻는다.

미국의 저명한 종교 전문가들이 쓴 책에 따르면, 부자가 편안함을 느낄 수 있는 첫 번째 방법이 바로 신뢰할 만한 종교를 믿는 것이라고 한다. 두 번째 방법은 자신이 선택한 종교에 온몸을 의탁하는 것이다. 세 번째 방법은 그 종교의 가르침에 따라서 사회에 공헌하는 것이다.

종교는 정신적인 노력을 강조하며 무슨 일이든지 할 수 있다는 불굴의 의지력을 가지도록 돕는다. 종교 경전은 현실의 눈으로는 믿기 힘든 기적들의 집합체이다. 절대자가 보여준 초월적인 능력의 현시와 종교를 제대로 믿은 사람들의 기적과도 같은 삶의 기록들이 가득하기 때문이다.

현재 눈에 보이는 것들을 뛰어넘어 새로운 무언가를 창조하는 게 바로 부자가 되는 과정이다. 그러려면 초인적인 능력이 요구된다. 종교를 제대로 믿는 것과 거의 동일한 이치다. 불심이 강한 사람은 그 어떤 고난도 이겨낸다. 기독교도, 천주교도, 이슬람교도는 천지창조의 기적에서 새로움을 배운다. 경전에는 수많은 기적의 역사들이 등장하는데, 아주 조금이라도 그러한 기적들을 현실화하면 그는 바로 부자가 될 수 있다.

"불교의 가르침에 따르고 모든 걸 부처님에게 의지했더니 재물이 자꾸 저절로 들어왔습니다."

불교를 믿는 어느 부자의 고백이다.

자신의 친인척에게까지 고리대금업을 일삼았던 록펠러는 하나님이 부의 근원이라고 생각하고 십일조를 했다고 한다. 그는 인류 역사상 물질적으로 가장 큰 축복을 받았다. 록펠러 가문은 그의 유언에 따라 뉴욕의 수도세를 모두 책임지고 있다.

우리나라의 어느 회장은 자신이 가진 재산의 대부분을 다른 이의 도움으로 쌓았다고 이야기한다. 20대에 건강식품을 스스로 개발한 이후, 대리점 사업을 벌였는데 그때 투자를 한 사람들과 인척들의 도움을 많이 받았다는 것이다. 그렇게 해서 여유가 생긴 뒤로는 주위 사람들이 부자가 될 수 있도록 정신적·물질적 지원을 아끼지 않았다고 한다. 자신이 남들을 위해 사용한 물질의 몇 배가 고스란히 다시 생겼다는 게 희한하다고 그는 말했다.

타인을 도우면 오히려 내가 물질의 축복을 받는다. 종교는 자기가 가진 것을 증가시키는 데 도움이 된다고 여러 부자들은 입을 모아서 말한다.

사회봉사를 강조하는 종교

평생을 아주 가난하게 독신으로 살던 할머님이 돌아가시기 전 평생 모은 전 재산을 사찰에 기부한 일이 있다. 그 할머님은 하루하루 벌어서 간신히 먹고살면서도 구겨진 1000원짜리 지폐를 손으로 다려 이불 밑에 넣고 주무셨다고 한다. 그렇게 어렵사리 모은 돈을 저금하고 가난하게 사시다가 모은 돈을 전부 사찰에 기부한 것이다. 이 할머님이 기부한 돈의 액수는 그리 많지 않지만 수백억을 선뜻 기부하는 못된 부자들의 돈보다는 훨씬 가치가 있다.

지금까지 부자에게 종교가 필요한 이유를 알아보았다. 그렇다면 현재 부자가 아닌 사람들에게는 왜 종교가 필요할까?

기본적으로 종교는 물질이 어느 한 개인의 것이라고 여기지 않는다. 거의 모든 종교가 물질은 다수의 것이며, 사회의 것이고, 국가의 것이라고 강조한다. 물론 어떠한 종교도 개인의 사유재산을 완전히 기부하라고 강요하지 않는다. 개인 소유는 인정하되 일정 부분 공동체의 발전을 위해 내놓으라고 할 뿐이다. 이는 우리가 지향하는 행복한 사회로 가는 길과 맥이 통한다.

종교를 성실히 믿고, 내가 앞으로 부자가 된다면 남들의 도움이 있었던 덕분이라고 생각하는 사람은 보다 빠르고 편안하게 부자의 길로 들어설 수 있다. 내 재산 중 일부만이 내 것이라는 생각은 종교에서 출발한 셈이다.

06
훌륭한 부자가 장수한다

부자가 장수하는 이유

전 세계적으로 부자가 그렇지 않은 이들보다 더 오래 산다고 한다. 평균적으로 부자는 일반인보다 4~7년 정도 더 오래 살며, 부자들 중에서도 특히 좋은 일을 많이 하는 이는 또 몇 년을 더 산다고 알려져 있다. 스코틀랜드 글래스고에 사는 부자들이 빈자보다 평균 20년을 더 살고, 남한 사람들이 북한 사람들보다 평균수명이 10여 년 더 길다. 나는 이러한 현상에 부자 장수 가설affluent longevity hypothesis 이라는 이름을 붙였다.

초등학교 졸업 이하의 교육수준을 가진 어머니 밑에서 자라는 어린아이들의 경우, 고졸 이상인 어머니를 둔 어린아이들보다 사망률이 3배 이상 높다고 한다. 무슨 이유 때문일까. 어머니의 교육수준이 상대적으로 낮으면 가난할 가능성이 높고, 어머니의 교육수준이 높으면 부자일 가능성이 높아서다. 부자보다 빈자의 자녀가 더 일찍 세상을 떠난다는 것은 슬픈 이야기다.

그 이유에 대해서는 크게 세 가지 주장이 있다. 첫 번째는 태어날 때부터 건강한 사람들이 부자가 되기에 오래 사는 것이라고 주장하는 선천 장수설이다. 두 번째는 부자들은 서민들보다 영양가 높은 음식을 먹고 병원에서 특별한 치료를 받을 수 있어 오래 살 수밖에 없다는 외부 지원설이다. 세 번째는 그 많은 재산을 놔두고 갈 수 없어서 죽어가면서도 숨을 헐떡이며 버틴다는 죽음 항거설이다.

부자는 몸에 좋은 술을 마시고 서민은 싸구려 독주를 들이켠다. 부자는 담배를 잘 피우지 않는 반면 서민은 흡연율이 높다. 부자는 개인 운전기사가 딸린 차를 타고, 서민은 대리운전비를 아끼려고 가끔 음주운전을 하기도 한다. 부자는 암에 걸리면 미국까지 가서라도 병을 치료하려 하고 주치의도 있다. 서민은 아파도 병원에 잘 가지 않는다. 병원에 입원해야 할 경우, 부자는 병실 하나를 통째로 빌리지만 서민은 보통 6인실에 머문다. 부자는 영양식을 먹지만 서민은 생존식을 먹는다.

우리나라 사람의 대표적인 사망 원인 중 하나가 교통사고이다. 나이 드신 어른들은 횡단보도를 건너다가 변을 당하는 경우가 많다. 그런데 기사가 딸린 차를 타고 다니는 부자 노인들은 걸어 다닐 일이 별로 없어 교통사고를 당할 확률이 낮다. 부자는 난방비를 아끼려고 연탄으로 난방을 하다가 연탄가스 중독에 걸릴 일도 없다. 냉난방이 잘 되는 곳에서 사는 부자들은 일사병이나 열사병에 걸리지도 않는다.

공기 좋은 거부동巨富洞에 사는 부자들은 아침 일찍 일어나 유기농 음식을 먹고, 생활비 때문에 스트레스를 받을 일도 없으니 장수할 수밖에 없지 않겠느냐고 말하는 이들이 있다. 그들은 부자들만 모여 사는 동네의 주민들은 흥청망청 써대고 아마존에서 구한 보양초까지 먹으면서 증손자 돌잔치에 수억짜리 다이아몬드 옷을 입힌다고 수군댄다.

벤츠는커녕 감자탕 집만 즐비한 동네에 사는 서민들은 그날 먹을 걱정을 하느라 헉헉댄다. '우리 집엔 화장실이 하나밖에 없는데, 그들은 방 하나마다 화장실이 딸린 집에서 산다니 건강을 유지하기가 쉬울 것'이라고 비아냥거리는 이도 있다.

"곰 발바닥 먹는 부자와 돼지 껍질 먹는 서민은 사는 햇수도 차이가 난다. 돈이 없는 것도 서러운데 먼저 떠나야 한다니."

부자가 아닌 사람들 가운데는 이런 하소연을 하며 씁쓸해하는 이도 있다.

그런데 아이러니하게도 거부동과 소부동小富洞에 사는 부자들의 암 발병률이 보통 사람보다 높다고 한다. 실제로 부자들이 암에 많이 걸려서가 아니라 빈자들의 한 달 생활비보다 비싼 돈을 들여 정밀검사를 하니 암을 빨리 발견한다는 주장도 있다. 틀린 말은 아니지만 최고 부자 국가의 하나인 미국의 비만율이 보통 국가보다 더 높다는 것도 생각해볼 문제이다. 부자이다 보니 잘 먹어서 비만에 많이 걸릴 수도 있고, 미국 식품업체들이 과대광고를 많이 해서 사람들이 과식하는 바람에 비만이 증가했을 수도 있다.

또 다른 면에서 보면 부자들은 '정신적으로 여유'가 있다. 어떤 이들은 부자들이 오래 사는 이유를 다음과 같이 설명한다. 기본 생활비나 교육비 걱정이 없고, 남는 돈으로 교회와 사찰에 거금을 기부하곤 하니 복도 받고, 자기 손으로 더러운 일을 하지 않으니 오래 살수밖에 없다.

훌륭한 부자, 평안한 장수

"교수님. 저희 집안사람들은 모두 오래 살았는데, 원래 건강해서 그런 게 아니라 건강하게 살려고 노력한 덕분입니다. 주위 분들을 보살피고, 깨끗한 마음가짐을 가지고 살다 보니 전부 장수하는 것 같습니다."

어떤 거부가 내게 한 말이다. 나는 그의 말에 바로 응수를 하는 대신 언젠가 읽은 영어책의 한 구절을 떠올렸다. "어느 목사가 죽을 병에 걸린 미국의 부자들에게 '자기와 똑같은 죽을병에 걸린 서민들에게 가서 진심으로 봉사하십시오'라고 말했다. 100여 명의 부자들이 그 말을 실천했는데, 암도 사라지고 에이즈도 발병하지 않고 오래오래 살았다"는 내용이다.

"오래 살려면 어떻게 해야 합니까?"

나는 한 부자의 질문에 돈키호테식 답변을 했다.

"2018년 되기 전에 평창올림픽 후원금을 익명으로 내시면 오래 사실 겁니다."

국민 피로회복제인 소주보다 10배 이상 비싼 물을 마시고, 불순물을 제거한다는 이유로 종종 자기 피를 뽑고, 참새 깃털이 든 베개를 베고, 고급 물침대에서 잔다고 오래 사는 것은 아니다. 월세방에서 쫓겨나 농막에서 신문을 덮고 자는 사람보다 더 일찍 세상을 떠날 수도 있다. 평균적으로 부자들이 오래 살기는 하지만 천문학적인 재산 소유가들의 자살률이 비교적 높고, 천벌성 징계로 평균수명도 채우지 못하고 하직하는 거부도 종종 있다.

너무 많은 돈에 허덕이기보다는 사회에 베풂으로써 탐욕을 덜어내고 죽음에 순응하는 자세가 필요하다. 다가오는 그림자가 새로운 출발점이 될 수 있다고 여기고 이 세상의 누구나가 원하는 '훌륭한 부자, 평안한 장수'를 스스로 찾아나서는 게 어떨까.

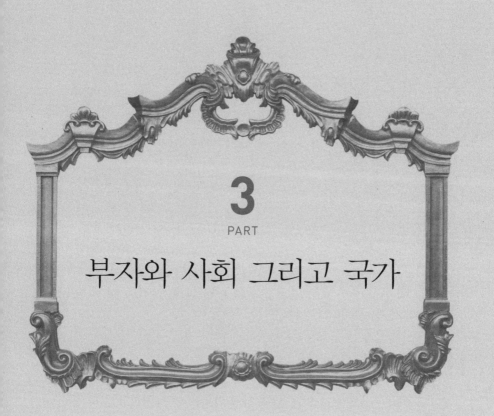

3
PART

부자와 사회 그리고 국가

01

부자는 왕이다?

부자가 곧 권력자이다

"부자는 왕이다"라는 말은 다양한 의미를 내포한다. 우선 부자는 '타인들이 하고 싶지 않은 일을 하게 만드는 힘'을 가지고 있다. 나는 이를 부자 권력affluent power이라고 부른다. 부자 권력이란 부자가 자신이 원하는 일을 수행하기 위해 물질을 바탕으로 한 영향력을 행사하는 것을 말한다. 그러면 타인들은 암묵적으로 그의 뜻에 동의하게 된다.

깃털 침대에 누워 온갖 물질적 풍요를 누리는 부자는 누가 버린 찢어진 우산을 거처로 삼아 쓰레기통 옆에서 잠을 청하는 빈자보다 많은 프리미엄을 누린다.

한마디로 부자는 권력자이다. 부자는 범죄를 저질러도 보통 그대로 풀려난다. 또 부자들은 사회적인 욕망을 충족하며 살지만 빈자는 가족들이 하루 먹을 식량을 걱정한다.

태국에서는 권력자들이 국왕에게 무릎을 꿇는다. 심지어 다른 나라 외교관들도 국왕 앞에서 무릎을 꿇어야 한다. 국왕에게 존경과 예의를 표하라는 것이다.

부자 권력은 기본적으로 부자들이 가진, 타인들이 원하지 않는 것을 하게 만드는 잠재적인 힘을 가지고 있는 데서 출발한다. 돈에 눈이 먼 사람들은 부자가 가진 것을 탐낸다. 부자 근처에 가면 무엇인가가 떨어지고, 부자의 말을 들으면 어떤 이득이 생긴다는 것을 아는 사람들은 부자에게 다가가려는 성향을 가진다. 어떤 부자들은 이를 악용하며 권력의 기반을 형성한다.

자신이 법적인 권한을 가졌다는 이유로(이를테면 자신이 상당량의 주식을 보유한 법인) 마치 황제라도 되는 양 회사를 개인의 사유물로 여기며 온갖 이득을 챙기는 부자들이 꽤 있다. 또 정치권에 접근해 거액의 정치 후원금을 공식적·비공식적으로 제공하면서 권력 기반을 형성하기도 한다.

사회적으로 네트워크를 형성하고 이것을 이용해 사회 권력을 만들어가는 부자들도 많다. 실제로 그들의 권력지형도가 넓어지고 있다. 상호 간에 연결된 것들이 많기 때문이다. 부자들의 권력 지배 욕구가 행사되면서 부자 권력이 크게 늘어나고 있는 것이다.

사회 구성원들도 부자 권력이 사회적으로 커지고 있음을 느끼고 있다. 매일경제와 한길리서치가 공동 발표한 자료에 의하면, 응답자들 중의 76퍼센트 이상이 정치인과 부자를 포함한 사회 지도층 인사들은 비도덕적이라고 간주하고, 77퍼센트 이상이 존경하지 않는다고 응답했다. 부자들이 국민의 기본 의무인 납세의 의무를 준수하지 않고(75.9퍼센트), 국방의 의무를 지키지 않으며(72.5퍼센트), 근로의 의무를 망각하고(63.3퍼센트) 있다고 생각하는 응답자들도 많았다.

한국법교육센터가 전국 8개 중고등학교의 학생 1762명에게 조사한 내용도 충격적이다. 설문에 응답한 학생들 중에서 56.9퍼센트는 '법의 심판을 받는 사람들 중에는 억울한 이들이 적지 않다'는 데 동의했고, 64.9퍼센트는 '법이 돈이나 권력 있는 사람들에게 더 유리하게 작용한다'는 의견에 동의했다.

부자들은 자신의 뜻대로 일을 진행시키기 위해 제도적으로 다양한 영향력을 끼치고 있으며 불법성 행위까지도 서슴지 않고 저지른다. 부자 권력은 부도덕성의 극치이며, 체포되지 않은 사회 범죄라는 표현까지 가능하다.

부자 권력을 감시해야 할 정부가 부자 권력과 결탁했다는 증거가 각종 언론매체에서 거의 매일 보도되고 있다. 사회의 시스템을 공정하게 운영하면서 도덕적인 강자를 돕고, 구조적인 약자를 보호하는 게 정부의 기본 임무이다. 그런데 불법적·탈법적·비윤리적으로 부자 권력의 편에 기울어 있는 정부는 약자를 절망스럽게 만든다. 약자 집단들의 단체 항거가 효과를 내지는 못하더라도, 그러한 움직임이 지속되면 부자 권력이 약해질 것으로 판단된다.

정부나 사회는 구조적인 사회적 약자들(장애인, 노약자, 어린이, 환자, 정신이상자)을 적극적으로 지원해야 한다. 자발적인 사회적 실패자들(노숙인, 자포자기인)이 스스로 일어날 수 있도록 지원해주는 것도 중요하다. 근본적으로 정부는 도덕성과 책임감이 강한 원칙 정부로 거듭나야 할 것이다.

부자 권력의 세 가지 종류

부자 권력은 세 가지로 나누어 생각해볼 수 있다. 첫째, 자본 권력과 사회 권력이다. 이는 권력의 물질적 원천이라는 잣대로 구분한 것이다. 둘째, 권력의 기간성에 따라 구조적 권력과 일시적 권력으로 나눌 수 있다. 셋째, 의도성의 유무에 따라 자연적 권력과 의도적 권력으로 나눌 수 있다. 세 가지 종류의 부자 권력은 부자들이 행사하는 권력의 유형과 메커니즘을 장기간 분석한 결과 나온 개념이다.

자본 권력이란 재벌과 대기업 오너의 힘을 말한다. 대통령은 임기가 있으나 재벌 회장은 임기가 없어 거의 무한한 권력을 지닌다. 사회 권력이란 흔히 급이 높다고 대우받는 국회의원, 고위 공직자, 거대한 사회적 영향력을 가지고서 가끔 돈벌이도 하는 특정 단체의 리더들이 가진 힘이다.

다음으로 구조적 권력과 일시적 권력을 살펴보자. 구조적 권력이란 부자가 세련되고 교묘한 메커니즘들을 활용해 국가 전체를 움직이고 사회집단이나 기업 조직에 영향력을 가하는 구조화된 힘의 통로를 의미한다. 일시적 권력이란 부자가 사회와 직장 그리고 친구 관계에서 현실적으로 거대한 힘을 행사하는 것을 의미한다.

마지막으로 자연적 권력과 의도적 권력에 대해 알아보자. 자연적 권력은 부자에게 스스로 접근하는 사람들이 만들어주는 것을 말한다. 유명세를 타고 부자가 된 사람들(스포츠 스타, 연예인, 사회 지도층 인사)은 저절로 타인에게 지대한 영향을 미치는 권력 소유자가 되었다. 의도적 권력이란 학력이나 사회적 지위가 낮은 사람들이 수많은 단체들을 만들어 회장 자리를 차지하고는 세력을 키워나가는 것이다.

많은 이에게 고통을 주는 부자 범죄

권력은 부자를 옹호해주고, 빈자를 겁박한다는 인식을 가진 국민들이 많다. 부자는 공정한 사법 처리를 받지 않고, 빈자는 사소한 범죄를 저질러도 엄청난 처벌을 받는 현실이 공정하지 않다는 인식을 가진 이들도 많다.

따라서 부자들이 죄악을 저지르면 보통 사람보다 세 배 이상 강하게 벌을 줄 필요가 있다. 부자들이 자신의 탐욕을 위해 사회의 많은 구성원들에게 막대한 해를 끼치는 것을 막기 위해서다.

일례로 부자가 코스닥에 상장된 회사의 주가를 조작한 후에 공금 수백억 원을 가지고 해외로 도피하면 수백 명에서 수만 명에 이르는 피해자가 생긴다. 부자 한 명으로 인해 많은 사람이 큰 피해를 보는 게 바로 부자 죄악의 폐해다.

빈자가 죄를 저지르면 자신과 관련된 한두 명에게 해를 끼친다. 먹을 게 없어서 슈퍼에 가 물건을 훔쳤다면 슈퍼 주인만이 피해를 본다.

TV를 보면 거의 매일 부자들이 저지르는 범죄가 나온다. 의사들이 무릎연골 보험 사기단과 결탁해 80억 원 상당의 사기를 치고, 게임기 수십 대를 매입할 정도의 재력이 있는 부자가 더 많은 돈을 벌려고 전파차단기를 갖춘 불법 게임장을 비밀리에 운영하면서 수많은 사람들의 돈을 끌어들인 후 도망가는 일도 있었다. 건설회사 하청업을 하는 부자가 규정 이하의 질 나쁜 건설 자재를 쓰고는 건설 공사비를 가로챈 사건도 있었다.

부자가 저지르는 범죄들이 늘어갈수록 그러한 행위로 인해 피해를 보는 서민들의 원성이 쌓일 것이다. 그러면 어떠한 결과가 일어날까? 역사상 대부분의 경우 그러한 일들은 폭동과 혁명을 유발했다. 러시아혁명, 동학혁명, LA에서 벌어진 흑인폭동, 파리와 영국에서 일어난 각종 폭동들은 거의 비슷한 동기에서 출발했다.

급격한 자본주의화로 인해 부자를 양산해내는 중국에는 범죄를 저지르거나 사회를 속여 부자가 된 이들이 매우 많다. 중국 당국은 질 나쁜 부자들에게 여러 번 사형을 선고했다. 그런 일이 몇 번 일어나자 부자들이 범죄를 저지르는 비율이 어느 정도는 줄어들었다고 한다.

"그런 사람들은 전부 극형으로 다스려야 세상이 조금이라도 깨끗해질 것이다."

홀몸으로 평생을 힘들게 일하며 가진 대부분의 부동산과 현금을 여러 대학에 기부한 어느 할머님의 말씀이다. 자신을 위해서는 거의 한 푼도 쓰지 않고 사회를 위해 온갖 궂은일을 하신 그분은 탐욕에 찌든 못된 부자들의 행위를 근절시킬 방안을 경험에서 찾으신 것이다.

부자의 권력을 제한하는 방법

사회적으로 바람직하지 않은 다양한 형태의 부자 권력이 행사되는 방식은 여러 가지다. 첫째는 사전 정보 입수이다. 불량한 저축은행들을 조사, 영업정지를 하는 과정에서 드러났듯이 사전에 정보를 빼내 자신의 돈을 불법으로 인출하는 악행을 저지를 수 있다.

둘째는 불법 상속 확대 현상이다. 사회에 공헌하겠다는 목적으로 공익 재단을 설립해서는 재벌기업의 상속 도구로 활용하는 것이다. 또한 일감 몰아주기와 같이 제도화된 시스템을 비윤리적으로 만들어서 이득을 보고 상속을 쉽게 하는 경우도 있다.

셋째는 재벌 영향력의 확대 과정이다. 광고 몰아주기를 통한 언론 통제, 관료와 정치가들을 상대로 한 로비, 혼맥을 통한 청탁, 미래에 권력자가 될 젊은이들에게 수십 년간 선물과 금품 제공 등을 통해 권력을 유지하는 것이다.

우리나라를 예로 들면 부자들이 많은 정치 후원금을 내고 정치가들과 결탁한다는 사실이 어느 정도 사회적으로 알려져 있다. 그런 정치가와 부자들은 사회 권력을 가지고 있었기에 사회적으로 타락하는 것이 가능했다고 판단된다.

따라서 부자 권력의 대표적 인물인 재벌오너에 대한 제한이 꼭 필요하다. 그러려면 재벌오너와 재벌기업을 구분해 대응해야 한다. 예를 들어 법인카드는 공적인 일에만 사용해야 하며 오너 가족이 개인적인 용도로 사용해서는 안 된다. 실제로는 일도 하지 않는 오너 가족의 이름만 올려두고 월급을 받거나 회사 인력을 개인적인 업무에 사용하는 것(재벌오너 자녀들의 출퇴근 지원 등 사생활과 관련된 일)을 금지해야 한다.

부자 권력이 도를 넘어서 정치권력을 좌지우지하면 반작용으로 부자 권력을 제한하는 제도들이 부활하거나 새로 생길 수 있다. 즉, 부자 권력을 제한하는 각종 규제 조항(출자총액제도, 중소기업 고유 업종)의 부활이나 새로운 규제 움직임(연기금을 통한 재벌 통제, 재벌 이사회에 사회단체 관계자들의 법적 진출)이 논의될 수 있다는 뜻이다.

중국 한나라 시대의 사람인 소광과 소수는 황제의 명을 받들어 태자를 가르쳤다. 그런데 그들은 태자가 장성하자 스스로 권력을 마다하고 낙향했다고 한다. 감복한 황제와 태자가 거대한 황금으로 치하하자 그들은 그것을 감사히 받아 고향 사람들에게 음식을 대접하는 데 사용했다고 한다. 권력을 스스로 포기하고 권력의 꿀물을 세상으로 돌리는 도리를 보여준 것이다.

또 1560년경 브라질 원주민 족장에게 "당신의 특권이 무엇입니까?"라고 물어보자 "나의 특권은 전쟁이 났을 때 맨 앞에서 싸우는 것"이라고 대답했다 한다.

부자 권력이 일어나는 것은 부자가 기회주의적인 행동들opportunistic behaviors을 하기 때문이다. 특정 상황이나 현상을 자신의 이득을 위해 사회적 공익에 반하는 측면으로 악용하는 것이다. 이는 순수한 의도가 전혀 없는 행동이다. 작은 아파트에 사는 학생들은 먼 학군으로 보내고, 대형 아파트 거주자들의 자녀들은 근처의 명문 학교에 보내도록 하는 것이 그 예다.

기회주의자인 부자가 늘어나면 사회 전반적으로 원칙성에 대한 확고한 믿음과 자기 신뢰가 없어진다. 부자는 순수한 마음을 가지고 사심 없이 사회와 국가의 관점에서 생각·행동하고 만족해야 한다.

그 해결책의 하나는 부자 스스로 변화하는 것이다. 또 하나는 빈자들의 저항적 대응이다. 마지막 해결책으로는 정부의 통제를 들 수 있다. 원칙 배반으로는 단기 이익밖에 볼 수 없지만 원칙을 준수하면 장기적으로 살아남을 수 있다는 의식이 퍼져야 한다. 국가체제에서 가장 큰 혜택을 받은 사람들이 그 국가에 헌신하지 않는 것은 심각한 비애국 행위이다.

정직하면서 원칙을 지키는 것이 진짜 부자의 길임을 명심하자.

02
실패한 부자들의 이야기

부자 실패란 무엇인가

부자가 정신적·물질적·사회적 측면에서 실패했을 때, 나는 부자 실패affluent failure라는 용어를 쓴다. 세계적인 사상가인 간디는 사회악 중의 하나로 '노력하지 않는 부wealth without work'를 꼽은 바 있다.

각종 언론매체에서 실패한 부자의 사례를 자주 언급하고 있다. 또 사람들 간의 일상적인 대화에서도 자주 주제로 떠오르는 게 부자 실패이다. 부자 실패 사례들은 크게 다섯 가지로 구분할 수 있다. 부자들이 저지르는 범죄와 관련된 것, 탈세와 관련된 것, 재산을 빼돌리기 위한 해외 도피와 관련된 것, 개인 이기주의와 관련된 것, 그리고 사회소득과 관련된 것이다. 앞의 네 가지 유형은 독자들도 비교적 쉽게 이해할 수 있을 것이다. 하지만 왜 부자들이 사회소득과 관련해 실패를 하는지는 많은 사람들이 잘 이해하지 못한다.

먼저 앞의 네 가지를 하나씩 설명하고, 사회소득은 별도로 다루기로 하자.

첫 번째 부자 실패 사례는 부자들이 저지르는 범죄와 관련이 있다. 부자들은 일반인이나 빈자보다 훨씬 더 큰 규모의 범죄를 저지른다. 러시아의 올레크 데리파스카는 소련 붕괴 과정에서 불법적인 활동으로 돈을 벌었으며 뇌물과 돈세탁으로 러시아 마피아 조직과 연계 사업을 벌이고 있다. 러시아 부자는 감옥에 갇혀서도 초밥을 시켜 먹고, 위스키를 마시고, 감옥 내 호텔에서 자고, 밤에 돌아온다는 약속만 하면 감옥 밖으로 나갈 수 있다. 전부 돈이 있기에 가능한 일이다. 멕시코의 호아킨 구즈만 로에라는 세탁물 수레 속에 몰래 숨어 있다가 탈옥한 후, 마약 범죄 조직의 우두머리로서 경찰과 정치인들에게 매달 500만 달러를 뇌물로 받치고는 이득을 챙기고 있다. 인도의 다우드 이브라힘은 아시아 최대 갱단의 하나를 운영하면서 밀수로 떼돈을 벌었다고 한다.

수많은 범죄 중에서도 유독 질이 나쁜 범죄는 바로 서민을 지원하기 위한 국가의 자금을 빼먹는 것이다. 검찰에 의하면 2009년 미소금융복지사업자로 국가에 의해 선정이 되어 75억 원을 받은 어느 단체의 대표가 23억 원을 개인 용도로 사용했다고 한다.

두 번째 부자 실패 사례는 바로 탈세나 병역기피 같은 국민의 의무와 관련이 있다. 세금을 내지 않기 위한 위장이혼이 그 예다. 고

소득 영업자의 소득 탈루율이 40퍼센트를 훨씬 넘는다고 한다. 건강보험료를 체납한 사업장 중에는 고소득자인 부자들이 운영하는 곳이 꽤 있다. 파키스탄의 부자 국회의원들은 부자들의 소득원을 대부분 비과세로 정했다.

부자 자녀의 병역 면제율은 일반인이나 빈자들의 자녀에 비해 훨씬 높다. 부잣집 자녀의 해외 원정출산도 부자 실패 사례로 거론되고 있다.

세 번째는 재산을 빼돌리기 위해 해외 도피를 하는 것과 관련이 있다. 범법 행위나 탈세를 통해 비자금을 조성하고 그것을 활용하는 부자들이 늘고 있다. 중국에서 외국으로 밀반출되어 나간 돈은 약 500조 원에서 많게는 2300조 원 정도로 추정된다. 인도에서 해외로 은닉된 불법 자금은 약 500조 원에서 1500조 원으로 추산된다.

해외로 소득을 빼돌리는 부자들이 늘어나자 국세청은 해외금융계좌신고제를 도입했다. 우리나라 사람이나 법인이 해외에서 개설한 계좌의 돈이 10억 원 이상이면 무조건 국내에 신고해야 하는 제도이다. 해외금융계좌신고제는 해외에 있는 부자들 혹은 부자 법인들의 재산을 파악하기 위해 만들어졌다.

과거 IMF 때 환율이 오르자 서민들은 다음과 같이 주장했다.

"부자들이 미국으로 도망가려고 달러를 매입하는 바람에 환율이 올랐다."

어느 정도 일리가 있는 주장이다.

네 번째는 부자 이기주의와 관련이 있다. 서울의 경우, 도로에서 외제차를 몰다가 펑크가 나면 구에다 배상을 청구하는 부자들의 비율이 높다. 부자들이 서울시에 청구한 외제차 펑크 손해배상 건수는 2008년 기준 168건이었고(배상액은 3억 6600만 원), 2009년 기준 354건(배상액은 7억 8100만 원)이었다.

브라질 EBX그룹의 에이케 바티스타 회장은 자신이 소유한 석유회사가 실제로는 석유를 한 방울도 생산하지 못하는데도 증시에 성공적으로 상장을 시켜서 수백억 달러를 챙겼다. 약 20억 파운드를 가진 전 세계 300위권의 우크라이나 부자는 자신의 50세 생일 파티에 400만 파운드를 쏟아부었다고 한다. 프랑스의 스키장과 11개의 호텔을 통째로 빌리고 300명의 하객을 불러 불꽃놀이까지 했다는 것이다. 또 우리나라의 어느 부자 지자체는 직원들의 휴대전화 기본요금을 대납해주고 있다.

부자들은 자기가 소중히 여기는 애견에게 상상 이상의 특별 대우를 해주기도 한다. 8만 원짜리 강아지 생리대를 사주거나, 보통 사람들이 평생 한 번 받아보기도 힘든 최고급 마사지를 받게 하고, 마침내 자신의 유산까지 상속해주는 경우도 있다. 부자 개가 호화 별장을 구입한 사례도 있다. 독일산 셰퍼드 '군터 4세'는 부자에게 약 2억 달러의 재산을 상속받았는데, 마돈나로부터 방이 여덟 개인 별장을 750만 달러에 매입했다.

주유소를 몇 개씩 가진 부자들이 몰래 휘발유에 등유를 섞어 파는 것도 부자 실패의 한 사례이다. 뼈만 남은 갈비에 접착제로 싸구려 채끝을 붙여 팔아 부자가 된 이들도 있다.

적십자회비 납부율은 제주도가 46퍼센트, 강원도가 40퍼센트, 서울이 24퍼센트이고, 경기도가 29퍼센트이다. 그런데 아이러니하게도 부자촌의 적십자회비 납부율이 더 낮았다. 즉 은평구가 28퍼센트, 강북구가 26퍼센트, 도봉구가 26퍼센트인 반면 강남구가 21퍼센트, 서초구가 22퍼센트, 송파구가 23퍼센트이다. 지역의 소득이 낮다고 알려진 곳이 부자촌보다 더 많은 적십자회비를 내고 있는 것이다.

부자들이 사는 동네에는 병원이 많다. 2007년도를 기준으로 볼 때 우리나라 전체 의사의 90퍼센트 이상이 도시 지역에, 50퍼센트 이상이 6대 광역시에 거주하고 있었다. 서울 전체 의사 중에서 15퍼센트 이상이 강남구에 산다. 부자들은 조금만 아파도 의사를 찾아가는 반면, 돈 없는 서민들은 의사에게 높은 비용을 지불하고 진찰을 받기가 힘들어 약국에서 약을 사 먹고 끝낸다.

정신의 결정체가 물질이고, 물질의 주인이 정신이다. 올바른 부자가 되려면 곧은 정신을 가지고 있어야 한다. 이것이 진리다.

고위층 자녀들의 병역기피 문제

매일경제와 한길리서치가 공동 조사한 바에 의하면 우리나라에 특권 상위 계층이 있다고 생각하느냐는 질문에 응답자의 86.7퍼센트가 그렇다고 답했다. 사회 특권층은 법을 준수하지 않고, 경쟁 원칙을 지키지도 않는다고 생각하는 사람이 많다.

OECD 국가들 중 우리나라는 거의 최하위권의 청렴도를 가지고 있다고 인식하는 것이다. 각종 비리 중에서도 병역기피는 그 문제가 더욱 심각하다. 고위층 자녀들이 병역비리를 저질렀다고 치자. 젊었을 때 비리를 저질러본 경험이 장성해 많은 실권을 누릴 때도 이어져 더 큰 비리를 저지를 확률이 높다.

어느 부자는 공익근무요원으로 근무하는 자신의 아들이 복무 기간을 다 채우지 않았는데도 뇌물을 주고 소집해제를 시킨 사실이 언론에 나 망신을 당했다.

병역기피는 애국심과 직결되는 문제임을 기억하자. 불평등한 사회에서는 정신 건강·육체 건강이 나빠지고, 불행이 많아지고, 사회 신뢰가 떨어지고, 범죄와 폭력이 범람한다.

고대 로마의 트라야누스 황제는 직접 전투에 참여했다고 한다. 고위층의 병역 면제율을 제로로 떨어뜨릴 필요가 있다. 특히 안보 관계 고위직은 전부 병역이행자들로 뽑아야 한다.

의도적으로 병역을 기피한 사람들은 공직자가 되는 데 제한을 가해야 한다. 단, 선출직인 경우에는 선거권을 가진 사람들의 판단을 존중할 필요가 있다.

정부는 병역기피자에 대한 징벌적 제도를 도입해야 한다. 지도층 자녀를 상대로 한 특별 검사제(신체검사), 병역을 기피한 자에 대한 상속 제한 조치를 취해야 한다. 병역과 납세는 국민이라면 누구나 가지는 의무이므로 같은 차원에서 처리해야 옳다.

잘 알려지지 않은 부자 실패, 사회소득

'저장강박증'이라는 게 있다. 무엇이든지 모으는 데 혈안이고, 버리지 않는 증세를 의미한다. 1947년, 19톤에 이르는 물건더미 속에 갇혀 죽은 미국인 형제 호머와 랭글리의 정신 상태를 분석한 결과 저장강박증이라는 개념이 나왔다고 한다. 이 병에 걸린 사람은 사용하지도 않으면서 무엇이든 소유하려고 한다. 부자 실패에 빠진 대부분의 부자는 물질적 저장강박증에 걸려 있다. 인생의 목적이 물질 소유라는 생각에서 물질을 모으고 모으다가 수백억 원이 든 은행통장을 두 손으로 꽉 쥐고 세상을 떠났다는 어느 부자의 이야기도 있다.

우리나라에서는 1980년대 이후 전체 국민소득에서 노동소득이 차지하는 비율이 점점 떨어지고 있다. 반면 자본이득의 비중은 점점 늘고 있는 실정이다. 이것은 노동소득 이외의 다른 소득들이 점점 늘어나고 있음을 의미한다.

질 나쁜 부자들은 자신의 영향력 하에 있는 것들을 이용하여 많은 돈을 모은다. 열심히 일해서 얻은 근로소득도 없고, 그렇다고 공으로 먹는 불로소득도 없는데 일부 부자들은 짧은 시간에 많은 재산을 모은다. 재산 급증의 비결은 바로 '사회적 관계'의 활용이다. 나는 이것을 사회소득social income이라고 부른다. 사회소득의 대부분은 관계를 통해 형성되고, 일부는 호의와 대가를 바라는 기대에서 생긴다.

마치 회사 돈을 개인 돈처럼 마구 사용하는 경우가 다 사회소득에 해당된다. 겉으로는 합법적인 듯 보이나 실질적으로는 불법인 것이다. 오너 가족이 회사 법인카드를 사용하는 일이 그 예다. 회사가 소유한 차를 타고 오너의 자녀가 등하교를 하는 것도 마찬가지다. 고급 부촌에 가면 1년 내내 정원 관리를 맡기는 데 약 1억 원을 지불하는데, 그 비용을 회사 돈으로 지불하는 경우도 있다. 겨울에 무슨 정원 관리가 필요하단 말인가? 심지어는 회사 직원들을 오너 개인의 사생활 도우미로 활용하기도 한다.

주식 세탁을 통해 재산을 불리는 부자들도 있다. 예를 들어 상장하기 전에 임원에게 차명으로 맡기고 증시 상장 후에는 차명주식이 수십 년 전부터 아들 소유였다고 주주명부 변경을 해서 이득을 보는 것이다. 또 어떤 부자는 자녀들을 대주주로 삼아 회사를 만들고, 자기 소유의 차명주식을 시가보다 훨씬 저렴하게 자녀의 회사에 팔아 돈을 챙긴다. 투자와 이혼 시의 재산 분할은 증여세 과세가 되지 않는다는 점을 악용해 외국에 있는 자녀 소유의 회사에 투자 명목으로 거액을 송금하고, 수십 년간 같이 산 부인에게 엄청난 거액을 증여하고 위장이혼을 한 부자도 있다. 기계회사를 운영하는 어느 부자는 고철을 수집해서 판매해 현금으로 만들고 이것을 자식들에게 몰래 증여하기도 했다.

일감 몰아주기도 문제이다. 재벌들의 자녀가 소유한 기업체에 대한 급속 성장이 현실화되자 과세를 해야 한다는 움직임이 크게 일고 있다. 비윤리적 재산 증가 행위에 대한 사회적 징벌과 법적 제재는 당연하다.

금융실명제, 신용카드제, 종합부동산세, 해외 탈루 조사 등을 통해 사회소득을 올리는 비율이 상당히 줄어든 것은 사실이다. 그런데도 법을 어겨 사회소득을 벌어들이는 일이 지속적으로 일어나는 이유 중의 하나는 '정상적으로 돈을 모으기 힘들다는 그들만의 하소연'에 밑바탕을 두고 있다. 우리나라의 부가세율이 너무 높아서 웬만큼 강하지 않아서는 수익이 나지 않는다며 무자료거래를 밥 먹듯이 하고, 고액 연봉자들에 비해 실효세율이 두 배 이상인 자영업자들이 소득 탈루를 하고, 다른 나라들에 비해 상속 세율이 높다고 불평하면서 불법 상속을 하고(약 1000억 원의 돈이 있다면 37퍼센트 정도가 상속과세되고, 약 500억 원이 있다면 48퍼센트가 상속과세 된다), 가족 승계를 하기가 너무 힘들다며 로비를 해서 상속세를 낮추려고 드는 것이다.

문제는 그들이 '자신의 영향력 하에 있는 조직과 자기의 것을 제대로 구분할 줄 모른다'는 데 있다. 자신의 이름으로 된, 자신의 손 안에 있는 것 외에는 모두 남의 소유라는 사실을 깨달아야 한다.

부자들이 많이 사는 우리나라의 어느 지역에는 장학재단과 사회봉사 법인이 수백 개나 된다. 거의 대부분 회사 돈으로 설립된 것으로, 설립자는 회사의 돈으로 위선 봉사를 하며 대접을 받는다.

"회사 돈이라고는 1원도 사용하지 않고 오로지 전 임직원들의 후원금만을 모아 법인을 만들었습니다."

근로자 수가 1000명도 되지 않는 중견기업 오너가 학생들 앞에서 이렇게 말했다. 나는 정말로 전 임직원이 회사 돈을 전혀 쓰지 않고 수십억 원을 모아 사회봉사 법인을 만들었는지 의아해 재차 물었다.

"정말로 회사 돈을 사용하지 않았습니까?"

그렇다는 말에 나는 감동을 받았다.

여기서 어느 스님 이야기를 하고 넘어갈까 한다. 동전인 줄 알고 주운 것이 병뚜껑이었고, 그는 자신이 돈에 욕심을 가지고 있다는 사실을 알았다고 한다. 그는 6개월 동안 참회를 하다가 하반신마비가 되었다.

자신의 돈만으로 좋은 일을 해야 한다. 나쁘게 벌어들인 돈으로 자선을 베푸는 것은 모순이다. 그렇게 훌륭하다고 추앙을 받았던 고 테레사 수녀조차 범죄자가 준 기부금을 받고는 그 대가로 사면 요청 편지를 보낸 적이 있다고 한다.

스스로 기부를 거절하는 사회단체가 우리나라에 몇 개나 될까? 사회소득의 떡고물에 군침을 흘리지 않는 올바른 사람들이 대한민국에 몇 명이나 있을까? 평생 자신의 이름으로 된 통장을 가진 적이 없었다고 알려진 고 한경직 목사처럼 말이다.

회사 창립 후에 '판공비'를 없애버린 어느 오너, 자기 회사에서 파는 몇만 원짜리 지갑을 사 쓰면서 그 지갑에서 직접 현찰을 꺼내 기부를 한 어느 여성 부자, 거액을 기부하겠다는 제안이 들어오자 도움이 필요한 다른 곳에 드리라고 거부한 사람 등이 많은 세상이 되었으면 한다. 가난한 사람이 부자보다 500년 먼저 천국에 들어간다는 이슬람교의 가르침처럼 깨끗한 부자가 많아지는 그런 날이 보다 빨리 왔으면 한다.

더러운 방법으로 돈을 번 부자라면 숨을 거두기 전에 사회소득 모두를 세상에 주고 가는 게 어떨까. 물론 그들에게도 어쩌다 한 번 깨끗하게 번 근로소득이 있을 것이다. 그런 돈은 남은 가족들에게 상속하면 된다.

자기기만을 하고 더러운 구정물에 손을 담근 대가로 얻은 사회소득으로 재물탑을 쌓으면 반드시 대가를 치르게 된다. 죄악을 지은 부자들의 집안에는 가끔 끔찍한 일이 발생한다. 후손들 중 일부가 일찍 세상을 떠나거나 심지어는 살던 집에서 쫓겨나는 경우도 있다.

자기만족과 사회만족이 일치하는 순간에 최고의 부자가 될 수 있다. 부자들의 진성 행위가 많아져야 할 것이다.

부자 실패에서 벗어나고 싶다면 평소 '가난한 부자'라는 개념을 명심하고 생활하면 된다. 또 부자 실패에 대한 사회의 압박이 거세면 거셀수록 좋다.

부자 실패에 대한 강력한 처벌이 필요하다

우리나라 사람들은 부자 실패에 대해서 너무나 관대하다. 핀란드의 어느 부자가 속도위반을 했다가 소득이 높다는 이유로 1억 원 이상의 벌금을 냈다고 한다. 우리가 본받을 만한 일 처리다.

경제 범죄에 대한 형량을 현재보다 10퍼센트 정도를 더 부과하면 범죄 발생률이 약 4퍼센트 줄어든다는 통계가 발표된 적이 있다.

우리나라도 의도적으로 실패한 부자들에게 소득과 대비해 엄청난 처벌을 해야 부자 실패가 근절될 수 있을 것이다.

03
사회봉사는 일종의 투자다

부자와 사회봉사의 밀접한 관계

사회적 부채 가설

"부자의 사회봉사는 의무인가, 선행인가?" 사회적 부채 가설은 이러한 질문에서 파생했다. 즉, 부자들은 돈을 모으는 과정에서 사회의 지원을 받았으므로 사회적 부채를 지고 있다는 뜻이다.

만약 부자의 사회봉사가 의무라면, 사회와 정부는 부자들에게 강제성을 띤 사회봉사 요청을 할 수 있다. 부자라면 의무적으로 기부나 육체 봉사를 수행해야 한다는 뜻이다.

초기 부자사회일수록 부자들에게 의무를 부과하는 게 중요하다. 법적·제도적 규율이 있어야 부자들이 사회봉사에 나설 것이다. 강제성이 없다면 아무리 사회봉사를 강조해도 실행에 옮기지 않을 것이다.

나는 의무를 일정 기간 동안 수행하다 보면 그것이 몸에 배어서 보다 더 높은 차원의 선행을 스스로 하게 된다고 생각한다. 도덕성, 종교성, 사회성이 강한 부자들은 사회봉사를 의무라고 생각하지 않고 스스로 수행하는 듯하다.

초기에는 부자에게 의무감을 지우는 준조세quasi-tax식의 기부금 요청이 필요하다. 즉, 약간의 강제성을 띤 사회적인 의무감social requirement을 지울 필요가 있다.

그러나 자본주의 국가에서 부자들에게만 과다한 의무를 지길 요구하는 것은 형평성에 어긋날 소지가 있다. 가장 좋은 방법은 부자의 초기 의무를 자발적인 선행으로 자연스럽게 유도하면서 부자가 사회를 돕는 것은 하나의 도덕적 봉사moral service이며 더 나아가 사회 투자social investment라고 강조하는 것이다.

빌 게이츠의 창조적 자본주의creative capitalism는 부자의 사회봉사가 사회 발전을 위한 하나의 진정한 투자라는 관점에서 시작되었다. 우리나라의 부자들은 앞으로 사회봉사를 의무로 느낄 것인가? 자발적으로 선행에 나설 것인가?

강철희 연세대학교 사회복지학과 교수가 발표한 자료에 의하면, 기부노력도 면에서 부자는 빈자보다 기부를 훨씬 적게 한다. 기부노력도란 소득수준에 대비한 기부의 비율로, 우리나라에서 소득이 상위 90퍼센트를 넘는 부유층의 기부노력도는 0.47이고, 소득이 하위

20퍼센트 이하인 저소득층의 기부노력도는 0.79라고 발표되었다.

사회적 지도자 가설

세상은 소수의 부자와 다수의 일반인들로 구성되어 있다. 부자들만의 봉사는 아무리 선한 목적에 부합한다고 해도 사회 에너지를 폭발시킬 수가 없다. 아무리 사회봉사를 잘하더라도 다수의 지지를 받지 못하면 소용이 없는 셈이다.

사회 리더인 부자들이 일반인들의 자발적인 호응을 이끌어내려면 어떻게 해야 할까? '하나의 사회a common society'라는 개념을 가져야 한다. 부자의 사회와 빈자의 사회가 따로 있는 게 아니라, 양자가 합해져서 하나의 사회가 생긴다는 사실을 사회 지도자 격인 부자들이 마음 깊숙이 받아들여야 한다.

100만 원짜리 양주를 마시는 부자가 있는 반면, 그 양주의 한 잔 값도 되지 않는 돈을 벌려고 새벽부터 빈한한 옷을 입고 허름한 집을 나서는 빈자가 있다. 과연 비싼 양주를 마시는 부자들이 가난한 이들에게 진정으로 도움을 준 적이 있을까? 4000만 원짜리 모피를 입은 부자 아주머니들이 무료 급식소에서 봉사하며 2캐럿짜리 다이아가 박힌 반지를 낀 손으로 장애인들의 숟가락을 닦아주려고 할까? 50억 원짜리 고급 아파트에 사는 부자가 한 달 생활비가 40만 원인 취약 계층의 반 평짜리 집에서 지저분한 이불을 덮고 잠을 자려고 하겠는가?

부자가 빈자와 하나의 사회를 구성하려면 '봉사의 순수성, 봉사의 자발성, 봉사의 무대가성'을 철칙으로 삼아야 한다.

부자도 인간인데, 아무 조건 없이 빈자를 도와준다고 해서 무엇이 생기는가? 가끔 이런 의문을 품는 이들이 있다. 사회봉사와 기부의 대가는 자신의 건강한 삶happy life 그 자체이다. 그 이상을 바라는 부자의 사회봉사는 추악한 이기심의 발로이다.

공동 발전joint development을 추구하면서 부자가 앞장서서 사회적 역할모델social role model이 되는 것이 진정한 부자사회의 초석이다.

혹시 세금을 적게 내려고 타인을 돕겠다고 나서는 부자가 있을까 봐 걱정스러운가? 처음에는 그렇게 시작해도 세월이 흐르면서 '세제 혜택'보다는 '심적 만족'을 지향하는 부자들이 늘어날 수 있다. 또 그러한 사회가 진정으로 행복한 사회이다.

다음의 질문들에 답해보자. 봉사하는 부자들은 대가를 바라고 일반인들을 돕는가? 물질적인 보답을 바라지 않았다면, 심리적인 만족만으로 충분하다고 느낄까? 대한민국 GDP의 1퍼센트 정도밖에 되지 않는 사회봉사 금액으로 나라가 발전할 수 있을까? 그중에서 부자들이 내는 돈은 얼마나 될까? 2050년이 되었을 때, 국민소득 10만 달러의 풍요 사회affluent society를 이루려면 우리나라 부자들은 지금 무엇을 논하고 무엇을 실행해야 할까? 대중적 사회 지원 mass social support의 시발점은 무엇이 될까?

사회적 기업social enterprise이란 개념은 유럽에서 처음 생겼다. 2007년 사회적기업지원법이 제정되면서 우리나라에도 사회적 기업이 하나 둘씩 생겨났다. 부자들이 사회적 기업에 투자를 하고, 사회봉사형 대주주로서 활동하는 것은 바람직한 일이다.

조금 더 나아가서 대한민국의 모든 국민들이 최저생활비를 국가로부터 보상받는 기본소득basic income제가 논의되고 있는데, 법제화되지 않더라도 사회적으로 누구나 최소한의 생활수준을 유지할 수 있도록 지원하는 사회봉사 시스템의 확립이 필요하다.

부자들이 개별적으로 각종 사회단체(로타리, 라이온스, 부녀회) 등을 통해 수행하는 업무들을 사회 공론화하여 통일된 개념 하에 미래의 부자와 일반인이 공존하면서 행복한 삶을 누릴 수 있도록 해야 한다. 그러려면 새로운 제도들을 개발해야 한다.

다음은 우리가 사회를 위해 실천할 수 있는 아이디어들이다. 다소 황당해도 좋으니 여러분들도 사회를 위해 어떤 제도를 만들면 좋을지 생각해보길 바란다.

- 세금완납증명서를 발급받은 부자들에게는 세무서에서 무궁화 명함을 무료로 만들어준다.
- 부자들의 자녀 결혼식은 고급 호텔이 아닌 구민회관에서 한다. 축의금의 절반은 구민회관 발전기금으로 납부한다.
- 10년 이상 봉사활동을 하지 않은 부자는 강제적으로 한 달에 세 번씩 3000원 이하의 서민 음식으로 서민들과 함께 식사를 하도록 한다.
- 세 번 이상 사회악을 행한 부자는 취약 계층과 1년간 숙식을 같이 하게 한다.
- 기사가 딸린 자가용을 타는 부자들은 한 달에 한 번씩 취약 계층과

1시간 이상 동승해 이야기를 나누어야 한다.

- 부자들의 혜택을 받은 사람들은 어떠한 형태(이메일, 문자, 카드 등)로 든 반드시 그에게 고마움을 표시한다.
- 사회봉사를 많이 한 부자들의 이름을 가로수에 명기한다.
- 사회에 많은 공헌을 한 부자가 지하철을 타면 지하철 탑승객 전원이 기립박수를 치고 자리를 내드린다.
- 부자들이 가장 많이 사는 구의 부자들은 빈자들이 가장 많이 사는 구의 전기요금 한 달치를 1년에 한 번 대신 내준다.

헤럴드경제 2010년 8월 5일자에 의하면, 미국의 거부 40명이 자신들의 재산 절반을 기부하기로 했다고 더 기빙 플레지The Giving Pledge 가 공개했다고 한다. 2010년 6월, 마이크로소프트의 창립자 빌 게이츠, 그와 함께 마이크로소프트를 창업한 폴 앨런, 버크셔헤서웨이의 창립자 워렌 버핏, 오라클의 공동 창업자 중 한 명인 래리 엘리슨, CNN 창업자 테드 터너, 뉴욕 시장인 마이클 블룸버그 등 40명이 약속한 기부 액수는 최소 1500억 달러에 달한다고 한다.

부자들이여, 사회의사가 되라

사회만족하는 부자들

부자학의 두 번째 핵심 개념인 사회만족은 부자가 잉여 재산으로 사회 구성원들을 만족시켜야 한다는 뜻이다.

부자 공헌affluent contribution은 당연한 것이다. "있는 사람들이 해야지"라는 촌노의 말씀은 백 번, 아니 만 번 반추해보아도 타당하다. 부자는 당연히 사회에 공헌해야 한다. 초기 로마 시대의 왕과 귀족들은 전쟁이 나면 평민들보다 먼저 출전했고, 국가에 더 많은 세금을 내려고 서로 경쟁하느라 수레에 돈을 잔뜩 싣고 국가로 향했다고 한다.

클라우드 스토리지 업체인 드롭박스의 창업자 드루 휴스턴은 부자는 사회를 위해 새롭고 의미 있는 것을 만들어야 한다고 주장했다. 사회에 공헌하는 일이 최고급 승용차를 타는 것보다 더 중요하다면서 말이다.

워렌 버핏은 10년간 자신이 몰던 차를 사회단체에 기부했다. 자신의 생활 철학을 세상에 알리려는 의도에서였다. 돈 많은 사람이 헌 차를 기부하는 게 뭐가 좋은 일이냐고 묻는 한 여성의 말에 나는 그냥 웃음으로 답했다. 나는 워렌 버핏이 가난한 사람들이 헌 차를 타라고 기부한 게 아니라고 생각한다. 아마 사회단체들도 부자가 얼마나 노력하는가를 이해하고, 사회를 위해 애써달라는 격려 차원에서 헌 차를 기부했을 것이다. 우리나라의 아름다운가게는 부자 혹은 부자가 아닌 사람들이 사용하던 헌 물건을 기부받는다. 워렌 버핏이 아주 오래 전에 스스로 행한 일이 현재 우리나라에서도 이루어지고 있는 것이다.

부자가 되는 과정에서 사회의 은덕을 입었다면, 그것보다 더 큰 혜택을 사회에 돌려주어야 한다. 그 일이 가능한 사람은 점점 더 큰 부자가 될 가능성이 높으며 사회적으로도 존경받는 부자가 될 수 있다.

여기서 가장 먼저 드는 의문은 왜 우리나라에는 존경받는 부자가 별로 없는가이다. 우리나라에서 누구라도 존경할 만한 부자로는 경주 최부자 집과 유일한 박사 정도뿐이다.

경주 최부자 집은 가족 모두가 검소한 생활을 하면서 일군 부의 대부분을 독립운동에 사용했고, 해방 후에는 남은 재산의 대부분을 대학에 기부했다. 또 그 대학의 경영에 거의 관여하지 않은 것으로 알려져 있다.

유한양행의 창업자인 유일한 박사는 자신이 창업한 회사의 부사장인 아들과 임원인 조카를 다 내보내고 전 재산을 사회에 기부했다. 자신이 세상을 떠난 이후에 친인척이 회사 경영에 관여하는 일이 없게 만든 것이다. 그 결과 유한양행은 완전한 사회 소유의 기업이 되었다.

유럽의 메디치가는 엄청난 미술품들을 피렌체 시에 전부 기증한 바 있다. 이와 같이 커다란 족적을 남긴 존경받는 부자들이 이 땅에 별로 없다는 것은 현재의 많은 부자들이 부에 대한 올바른 가치관을 가지고 있지 않다는 뜻이다.

부자학연구학회는 기부를 받지 않으며 훌륭한 부자들에게 상을 주고 있다. 2009년 1회 봉사부자상은 경주 최부자 집에 돌아갔고, 2010년 2회 봉사부자상은 간송 전형필 선생에게 수여했다.

건설업을 해서 재산을 쌓았다는 어느 부자는 동네에 결혼식을 올리지 못한 가정들이 많다는 사실을 알았다. 돈이 없어서 결혼식을 생략하고 사는 사람들, 특히 혼인신고조차 하지 않은 사람들이 자녀를 낳은 후에 문제가 되는 것은 자식들이 초등학교에 입학할 때라고 한다. 혼인신고를 하지 않아 자녀가 태어났는데도 출생신고를 하지 못한 경우가 있었던 것이다. 그러한 이야기들을 전해 들은 부자는 예식장 사업에 뛰어들었다고 한다. 일반인들에게는 돈을 받으나, 어려운 분들에게는 무료 예식을 시켜주면서 본인이 직접 주례 봉사도 했다고 한다. 그렇게 해서 결혼식을 올린 부부가 100쌍이 넘는다는 말을 듣고 나는 감동할 수밖에 없었다.

나는 훌륭한 부자들의 사례를 직접 듣고 보며 슈바이처 효과를 기억해냈다. 미국 하버드대학교 의과대학에서 조사한 바에 따르면, 남을 위해 좋은 일을 많이 하면 할수록 면역력이 강해진다고 한다.

봉사하는 부자들은 사회의 아픔을 치유하는 사회의사가 될 수 있다. 개인의 병은 의사가 고치고, 사회의 병은 훌륭한 부자가 고칠 수 있는 셈이다.

어떻게 해서든 자신과 가족이 이득을 볼 수 있도록 행동하면서, 주변 사람들과 사회에는 그 어떤 공헌도 하지 않는 부자들이 있다. 가끔 아는 사람이 운영하는 장학재단이 접촉해 오면 체면상 돈을 조금 기부하고, 이것을 자신이 지정한 학생들에게 주라고 은근히 강요하는 사람들도 꽤 있다. 어떤 사람들은 가끔씩 사소하게 사회봉사를 하고는 그것을 훈장으로 여기면서 우월감에 넘치기도 한다. 모두 마음에도 없는 기부를 함으로써 사회적으로 존경을 받겠다는 '사악성 행위'이다.

실제로 사회를 위해 만족스러운 행동을 하려면 부자의 마음가짐이 올바르게 서야 한다. 아주 순수하고 깨끗한 마음으로 새로운 사회에 열린 공헌을 해야 한다는 사고에서 모든 것이 출발해야 한다.

내가 만나본 일부 사람들은 상당히 훌륭한 공헌 의욕을 가지고 있었다. 물론 나는 그들의 생애 전체를 알지 못한다. 본인들의 입에서 나온 말만 가지고서 그들의 인생 전체를 조명하기는 불가능하다. 모든 인간에게는 좋은 면과 나쁜 면이 있다. 그들의 이야기는 진실일 수도, 거짓일 수도 있다. 그러나 일단 그들의 입에서 나온 말의 80퍼센트가 사실이라고 치면, 그들은 사회만족의 의미를 제대로 깨달은 것이다.

내가 직접 만나 이야기를 나누어본 한 부자는 자신의 사업체 중 한 개를 처분했다. 그러고는 처분하고 얻은 돈의 절반을 자신과 전혀 관계가 없는 대학에, 나머지 절반 역시 자신과 연고가 없는 곳에 기부했다. 다시 말해 자신의 영향력이 미치지 않는 곳에 좋은 일에 써달라고 기부한 것이다.

나는 그분의 아들과 점심식사를 한 적이 있다. 부자는 아들이 나온 대학을 거명하며 전혀 다른 대학에 가서 기부를 하라고 아들을 보냈다고 한다. 나는 그런 아버지에게 섭섭한 마음이 들지 않았느냐고 물었다. 그 아들은 오히려 아버지의 재산을 아버지의 뜻대로 쓸 수 있는 것에 감사한다고 대답했다.

언젠가는 훌륭한 여성 부자를 만나보기도 했다. 그녀는 죽을병에 걸려 입원한 적이 있는데, 옆 침대에 누워 있던 한 여성이 아픈 몸을 이끌고 국립묘지에 봉사를 하러 갔다고 한다. 같이 봉사를 하러 간 그녀는 걷기도 힘든 몸으로 국립묘지에서 얼마간 헌신적으로 봉사했더니 몸이 아주 깨끗해졌다는 거짓말 같은 이야기를 들려주었다. 그것도 나를 포함한 주변의 몇몇 사람에게 여러 번 그 이야기를 했다. 병이 나은 후에 그녀는 사업체를 자식들에게 맡기고 거의 봉사에만 전념하고 있다. 최근 그녀는 내게 이런 말을 했다.

"저는 아프면 병원에 가지 않습니다. 봉사하면 몸이 저절로 좋아지거든요."

훌륭한 부자의 이름은 저절로 퍼진다

물질만능주의가 사회에 만연하면서 거의 모든 행사나 활동에 부자들의 이름이 오르내린다. 또한 부자와 이래저래 얽힌 사람들은 부자의 이름을 거론하며 그들과의 친분을 과시한다. 부자들은 부자들대로 자신의 이름을 알리려고 애를 쓴다. 공명심이 강한 것이다.

하지만 참부자들에게는 공명심이 없다. 다만 그들의 선행에 감동을 받은 사람들의 입을 통해 참부자들의 이름이 저절로 널리 퍼져나갔을 뿐이다. 강한 공명심을 가진 사람들은 도토리 부자일 뿐이다. 명함 앞뒤에 박힌 수십 개의 직함, 사무실에 널려 있는 무수한 상패와 표창장, 수십 개 단체의 임원직들…….

올바른 부자 문화가 왜 중요한지 설명하기 위해 나는 '공명함정 name trap'이라는 개념을 만들었다. 인간의 하위 욕구가 물질과 성이라면, 상위 욕구는 이름과 지식이다. 세상에는 거짓 이름을 날리려는 부자들과 그들의 돈을 노리는 사기꾼들이 있다. 마음이 내키지 않는데도 사회적으로 이름을 드날리기 위해 포장 기부를 하는 부자들이 만든 재단도 많다. 세금을 내지 않으려고 만든 재단을 친인척들이 관리하게 하고는 세상을 향해 "나 좋은 일 했소" 하고 큰소리치는 것이다. 실제로는 자기 욕구를 채우려는 욕심 많은 인간일 뿐이면서 말이다.

질 나쁜 부자들에게 기부를 구걸하는 위선적인 사회단체들도 즐비하다. 돈을 내는 부자들에게는 굽실거리면서 실제로 낸 것보다 더 큰 액수의 영수증을 발급해주는 '기부 장사'를 하는 위장 사회 조직들은 실제로는 영리 행위를 하고 있다. 고급 차를 타고, 서민들은 이름조차 들어보지 못한 산해진미를 즐기며, 자기 욕구를 채우는 사회봉사 단체장과 사이비 종교 단체장들이 있다. 청와대에 한 번 불려 갔다 온 것을 명함에 명기해 나누어 주는 종교인도 있다. 그런 사람들에게 푼돈을 던져주고 '이름을 얻는' 행위는 까마귀 부자들이나 하는 짓이다.

기부를 조금 하면 온갖 사회단체의 행사에서 맨 앞줄에 설 수 있다. 우리나라에서 열리는 수많은 행사에서는 항상 돈 많고, 폼 잡고, 권력 있는 사람들이 앞에 나선다. 입으로는 불쌍한 사람들을 돕는다고 하지만 실제로는 자신들의 공명심, 이득, 흑심을 채우려는 것이다. 행사장의 앞자리를 구걸하는 부류들이 올바른 부자화 사회의 발전을 방해하고 있다.

부자학연구학회에서는 중요한 멤버들이 단상에 올라가지 않는다.

행사에 중요 인물로서 참여하는 경우도 거의 없다. 학회의 회장인 나는 창립총회 때 이후로는 거의 단상에 올라가지 않았다. 그래야만 우리가 주창하는 공명의 함정에 빠지지 않을 수 있다고 굳게 믿어서다.

불쌍한 사람들과 사회적 약자들을 진정으로 위한다면 행사의 대부분에 노약자, 장애인 등 취약 계층이 나서야 한다. 실제로 돈을 낸 사람들 혹은 높은 사람들은 앞에 나서지도 말아야 한다. 진짜 부자사회를 만들어가려면 '기부 거절'도 할 줄 알아야 한다. 단체의 의도가 명확하고 순수할 때에만 기부를 받고, 기부자에게 아무런 대가도 제공하지 말아야 하는 것이다.

부자가 되는 과정에서는 이기심이 작동할 수 있으나 부자가 되었다면 이타심을 가지고서 살아야 한다. 자신과 가문의 이름을 빛내기 위해서가 아니라 선의를 가지고 남모르게 좋은 일을 하다 보면 언젠가는 남들이 알아서 내 이름을 알아준다. 그것이 진짜 명성이다.

어느 그룹의 회장은 자신이 졸업한 고등학교에 약정기부를 하기로 하고 돈을 내왔다. 회장이 작고한 이후 그 고등학교에서 나머지 약정액을 기부해달라고 하자, 새로 회장이 된 아들은 이리저리 피하면서 거절했다고 한다. 있던 이름도 없애버리는 행동이다.

반대로 어느 중견 기업체의 창업주는 생전에 거액을 모 재단에 약정기부했는데, 회장이 세상을 떠난 후 그의 자녀들이 인감도장과 문서를 들고 와 재단 사람들이 깜짝 놀랐다고 한다.

어느 중견 기업체의 오너는 나와 점심식사를 하며 이렇게 말했다.

"이제 우리나라도 개인 돈으로 기부를 해야 합니다. 회사 돈으로 기부하는 게 어디 말이나 됩니까?"

작고한 어느 그룹 창업주는 생전에 "해외 유학 간 학생들에게 사비로 장학금을 주고 있다"고 나에게 말한 바 있다. 이런 게 바로 진짜 기부이다.

이기적인 마음으로 낸 돈은 금방 잊히지만 다른 사람들이 인정하는 이름은 아주 오래간다. 주가 조작으로 부를 쌓은 미국의 밴더빌트 가문은 대학을 세워 양명했고, 자기네 가문 출신 교황의 지원으로 거부가 된 이탈리아의 메디치 가문은 소장한 예술품을 모두 기증해 죄를 씻었다.

과거에 몇몇 부자가 부자학연구학회에 기부를 하겠다고 접근한 적이 있다. 거액을 기부하겠다는 말에 진의를 떠봤더니 요구 조건을 달았다. 우리는 바로 기부를 받지 않겠다고 거절했다. 액수가 아무리 많아도 조건이 있는 돈은 받지 않는다는 게 부자학연구학회의 원칙이다.

위선에서 자선으로, 얻으려 노력하는 이름에서 남이 인정해 주어지는 이름으로, 부자가 세상을 뜨자마자 손가락질을 받는 이름에서 오래도록 기억되는 이름으로 세상에 각인되는 부자 가문이 많아지기를 바란다.

"아버님이 새벽에 도자기를 다듬으시는 모습을 보며 정말로 예술품을 좋아하신다는 느낌을 받았습니다. 땅 팔아서 도자기를 사는 미친 사람이라고 동네에서 쑥덕거렸는데."

작고한 지 수십 년이 흘렀지만 아직도 매년 사람들이 찾아오는 명문가의 장자가 내게 한 말이다. 10여 명에 불과했던 조선의 거부들 중 한 명이었던 그는 집안의 무수한 땅을 팔아 우리 문화유산인 도자기를 사들였다. 이처럼 이름은 스스로 내는 게 아니다. 남들이 내어주는 이름이 진짜이다.

부자 시민 행동

부자의 색깔은 검은색이라고 생각하는 사람이 많다. 돈에 검은색을 연결시키는 게 대표적인 예다. 매일 나쁜 짓을 해도 별로 티가 나지 않는 사람이 부자라고 생각하는 이들이 많다. 그러나 부자도 흰색을 떠올리게 하는 깨끗한 사람이 될 수 있다. 어떻게 가능할까. 내가 만든 개념 중에 '부자 시민 행동affluent citizenship behavior'이라는 게 있다. '부자는 풍요로운 시민으로서 적절한 행동을 해야 한다'는 뜻이다.

좀 더 구체적으로 살펴보자면 부자 시민 행동은 네 가지로 나눌 수 있다. 스포츠맨십sportsmanship, 신사도gentlemanship, 지도력leadership, 봉사·헌신servantship이 그것이다. 한마디로 부자가 원칙을 지키고, 품위를 유지하고, 사회를 이끌어가면서, 남들을 위해 좋은 일을 해야 한다는 내용이다. "왜 힘들여 번 내 돈과 내 시간을 남들을 위해 사용해야 합니까?"라고 묻는 부자들이 있다. 가장 큰 이유는 부자들이 대체로 가난한 사람의 돈으로 부를 쌓았다는 데 있다. 이는 전 세계적으로 거의 공통된 사실이다. 다른 부자의 돈으로 재산을 불리는 일은 거의 없다. 부자가 아닌 사람들의 돈으로 자산가의 반열에 오르는 경우가 대부분이다. 또 다른 이유도 있다. 부자는 쓰는 돈보다 버는 돈이 더 많기에 좋은 일을 해야 한다는 것이다.

우리나라에도 부자 시민 행동을 적극 실천한 사례가 많다. 알지도 못하는 남들을 위해 돈을 쓰는 부자들이 대표적인 예다. 일전에 내가 만난 어느 여성 부자는 '세금 납부가 가장 좋은 애국 사업'이라고 굳게 믿고 있었다. 회사가 힘들어 어쩔 수 없이 밀린 세금은 사업이 흥하면 반드시 다 갚고, 밀렸던 세금만큼을 추가로 기부한다고 했다. 또 시골에 사는 어느 부자는 저녁식사 도중 고기를 먹다가 상했음을 알게 됐다. 그는 돈을 내주며 "그 집의 고기를 몽땅 사오라"고 했다. 왜 그랬을까? 고기를 모두 땅에 파묻기 위해서였다. 가게 주인이 계속해서 상한 고기를 팔면 누군가는 병이 날 테니 미리 방지하자는 차원에서 자기 돈으로 좋은 일을 한 것이다. 그뿐만이 아니다. 서울 근교에 사는 어느 부자는 자신의 공장과 통하는 도로에 아스팔트가 깔려 있지 않아 동네 사람들이 불편해한다는 사실을 알았다. 물론 공장으로 원재료를 배달하는 트럭 기사들의 불만도 끊이질 않았다. 그는 큰마음을 먹고 회사와 통하는 몇 킬로미터의 도로에 개인 돈으로 아스팔트를 깔았다.

숭고한 희생정신을 지닌 부자들도 있다. 내가 자주 만나는 한 연로한 의사는 다음과 같은 이야기를 들려주었다. 한국전쟁 때, 어느 부잣집에 아들과 조카가 함께 숨어 있었다. 공산군이 젊은이들을 찾으러 오자 부자는 조카를 숨기고 친아들을 내주었다. 결국 친아들은 세상을 떠나고 말았다. 숙부의 큰 뜻을 평생 마음에 새기고 살아온 그 조카는 나중에 돈을 많이 버는 의사가 되었다. 그는 세금을 철저하게 냈는데, 그 액수가 너무 많다 보니 세무서에서 집중 조사를 나왔다. 그는 모든 자료를 숨김없이 보여주었고, 그 청렴함에 놀란 세무서 직원들은 고마움과 존경심을 표시하고 돌아갔다고 한다.

남부럽잖게 부를 축적한 어느 할아버지는 어린 손자들을 데리고 외식을 할 때면 꼭 한 번은 비싼 식당으로, 또 한 번은 허름한 식당으로 데리고 간다고 한다. 벤츠를 타고 허름한 감자탕 집에 가 뼈를 추가하는 데 얼마가 든다고 손자들에게 인지시킨다. 부자가 아닌 사람들의 생활을 알아야 나중에 회사를 물려받았을 때 아랫사람들의 어려움을 안다는 생각에서다. 또 총재산액의 자릿수가 열두 자리 이상인 거부 한 분은 아주 평범한 집에서 살며 중형 국산차를 스스로 몬다. 옷차림새도 수수하기 그지없다. 내가 왜 그러느냐고 묻자 그는 "제가 호화롭게 살면 남들이 저를 보며 열등감을 느끼거나 불편한 감정을 가질 수도 있습니다. 나도 편하고 저를 보는 분들도 편하면 좋지 않겠어요?"라고 답했다. 백의민족인 우리나라 사람들은 먹물이 쥐꼬리만큼 튀어도 불결하게 여기는 경향이 있다. 사회적으로 비난받는 우리나라의 '일부 검은 부자들'이 순백의 순수한 부자들로 거듭 태어나기를 바란다.

04

부자와 빈자가 함께 사는 세상

계층 내 협력과 계층 간 갈등

부자는 부자끼리 만나고, 식사하고, 골프를 치고, 사우나에 간다. 빈자는 빈자끼리 문자 메시지를 주고받고, 밥을 먹고, 등산을 하고, 목욕을 한다. 나는 이러한 현상을 계층 내 협력intra-class collaboration이라고 부른다. 사람은 자기가 속한 계층의 영향을 강하게 받을 수밖에 없다. 특히 계층 내의 사람 수가 늘어나고 단결이 강해지면 계층 내 주관을 객관이라고 오해하기 쉽다.

부자는 빈자를 멀리하려고 한다. 부자는 빈자와 따로 살고 싶어 한다. 빈자는 기회가 될 때마다 부자에게 다가서려고 한다. 그러다가 부자가 냉혹한 반응을 보이면 다시는 그를 만나지 않는다. 나는 이를 계층 간 갈등inter-class conflict이라고 부른다. 계층 내 협력과 계층 간 갈등으로 인해 부자와 빈자는 상반된 삶을 살아간다. 구체적인 예를 들자면 다음과 같다.

- 부자 계층과 빈자 계층은 생각과 행동 등 모든 면에서 총체적으로 다르다.
- 부자는 적게 모이고 빈자는 크게 모인다.
- 부자는 아는 사람끼리 모이고 빈자는 아는 사람과 모르는 사람을 가리지 않고 함께 모인다.
- 부자는 미래를 위해 모이고 빈자는 현재를 위해 모인다.
- 부자는 돈거래를 직접 하지 않고 빈자는 돈거래를 직접 한다.
- 부자는 이득을 보고 모이고 빈자는 인정으로 모인다.
- 부자는 가족과 싸우고 빈자는 이웃과 싸운다.
- 부자는 없는 것을 창조하려 하고 빈자는 있는 것을 모방하려고 한다.
- 부자는 종교를 제대로 믿지 않고, 빈자는 종교를 헌신적으로 믿는다.
- 부자는 점점 죽음을 두려워하지만 빈자는 크게 죽음을 두려워하지 않는다.
- 부자들은 끼리끼리 모여 살고 빈자들은 흩어져 산다.
- 부자가 익명으로 기부를 했다는 사실을 알면 빈자 조직은 부자 조직에 호감을 가진다.
- 부자는 성장 과정에서 자신에게 이득을 주는 것에 치중하며 '관심의 폭이 좁은' 반면, 빈자는 '관심의 폭이 넓은' 편이다(부자는 부의 증대

를 중요시하기에 자신에게 이득이 되지 않는 것에는 쉽사리 움직이지 않는 경향이 강하다).

점점 심해지는 소득 양극화 현상

세계의 빈부 격차가 확대되고 있다. 경제적 불공평함에 불만의 목소리도 커지고 있다. 우리나라도 마찬가지다. 부자는 KTX보다 빠르게 재산액의 동그라미 수를 늘려가는 반면, 빈자는 점점 더 빚의 수렁으로 빠져든다. 나는 산업화, 자본화, 세계화, 정보화가 야기한 빈부 격차 현상을 '차이 증가 장치difference accelerating mechanism'라고 이름 붙였다.

현재 빈부 격차가 가장 심한 나라는 브라질, 멕시코와 칠레이다(상위 계층과 하위 계층의 차이가 20배 이상). 이스라엘과 미국도 빈부 격차가 심한 나라이다(상위 계층과 하위 계층의 차이가 약 15배). 한국, 일본, 독일, 영국 또한 빈부 격차 수준이 조금은 심각하다(상위 계층과 하위 계층의 차이가 약 10배).

미국이 주도하고 유럽이 도운 세계화는 빈부 격차를 강화시키는데 거대한 파도로 작용했다. 벨기에나 프랑스를 제외한 거의 모든 선진국의 국민들이 부자와 빈자로 양극화되어 있다. 멕시코의 경우, 빈부 격차가 극심해지면서 전 국민의 40~50퍼센트가 극빈층에 속한다고 한다.

우리는 인간 차별화가 아닌 물질 차별화가 고착화된 사회에서 산다. 금전 활용의 비대칭성이 나타나면서 빈자들은 금전의 공격(이자 부담)을 받고, 부자들은 금전을 활용(본전 증대)하고 있다.

세상은 이제 부자가 흥했다 망했다 하는 과정이 늘어나면서 부자와 빈자가 어느 정도 균형을 이룬다는 사실을 알게 되었다. 부자생태계에서는 부자가 빈자가 되거나 맨손이었던 자가 큰 부자가 되는 일이 발생한다. 따라서 빈자도 언젠가는 부자가 되겠다는 희망을 가질 수 있다.

실패한 공산주의는 부자의 것을 빼앗아서 빈자를 도우려고 했다. 결국 70여 년간의 현장 실험은 실패로 결론 났다. 세계는 무너진 공산주의에서 거대 자본주의로 방향을 선회했다. 그 결과 부자는 더욱더 부자가 되었고, 빈자의 사정은 조금 나아졌다. 절대적인 측면에서는 부자와 빈자의 차이가 더 심해졌다. 이와 같은 역사의 흐름을 살펴보면 빈부 균형을 맞추려는 자세가 절실하게 필요함을 알 수 있다.

1960년대에는 5개 주요 선진국의 1인당 국민총생산이 주요 후진국 5개에 비해 30배 정도 높았다. 그런데 1999년에는 이 차이가 60배 정도로 더 벌어졌다. 미국의 경우, 같은 기업에서 일하는 최고 경영자와 근로자의 평균 연봉이 적게는 수십 배에서 많게는 수천 배까지 차이가 난다고 한다.

과거 우리나라에는 총재산이 1000억 원 이상인 부자가 거의 없었다. 1조 원이 넘는 재산을 가진 부자가 나오기 시작한 것은 불과 얼마 전의 일이다. 그런데 이제는 10조 원을 넘보는 거부들도 등장했다. 하지만 전체 가구 중 하위 30퍼센트 정도는 총재산이 3000만 원 이하이다. 전체 가구의 평균 재산은 2억 7000만 원 정도이며, 가구의 총재산이 5억 원이면 상위 20퍼센트 정도에 해당한다. 그런데 이들 대부분은 버는 돈보다 빚 갚는 데 들어가는 돈이 더 많다. 30년 전보다 나아진 게 있다면 '수제비' 대신 '돼지갈비'를 먹는다는 것 정도이다.

소득 상위 20퍼센트의 사람들의 경우 1999년 기준 1인당 소득이 5800만 원이었다가 2009년에는 9000만 원으로 증가했다. 반면 소득 하위 20퍼센트의 사람들은 1999년 기준 306만 원에서 2009년에는 199만 원으로 오히려 줄었다.

이자율이 높아지면 저축액이 많은 부자는 금 덩어리가 늘어나고, 부채가 많은 빈자는 빚 덩어리가 늘어나는 '차이 확대 현상'이 점점 강해지고 있다. 1000원짜리가 어떻게 생겼는지 모르는 거부의 손자와 그 돈이 없어 라면으로 끼니를 때우는 빈자의 손자, 100만 원짜리 수표를 가지고 다니며 쇼핑하는 거부의 딸과 한 달에 80만 원을 벌려고 수천 번 굽실거리는 빈자의 딸이 공존하는 세상이다.

어떻게 빈부 격차를 감소시킬 것인가

19세기에는 세계 생산규모의 약 84퍼센트를 부자 국가들이 차지했으나 21세기에는 그 비중이 약 90퍼센트로 상승했다. 세계화가 부자 국가와 빈자 국가의 차이를 늘리고 있기 때문이다.

영국 케임브리지대학교 아마르티아 센 교수는 1998년에 노벨경제학상을 수상했다. 그는 부자 국가와 빈자 국가의 차이가 크게 벌어지고 있고, 앞으로 그러한 현상이 더 심해질 것이라 예측했다. 한 국가 내에서도 부자와 빈자의 차이가 점점 더 벌어질 것으로 추정했다. 그의 판단대로 세계화가 급진전되면서 국가 간 빈부 격차와 국내 빈부 집단 간의 차이도 점점 커지고 있다. 반면 부자 국가들이 빈자 국가들에 베푸는 지원은 날로 줄어드는 실정이다.

인류 역사를 살펴보면 빈부 격차는 경제력에 상관없이 어느 국가에서나 있어왔다. 고대 제국에도, 자연 친화적인 지역에도 빈부 격차는 존재한다. 도시와 농촌 간의 빈부 격차 또한 세계 곳곳에 존재한다. 빈부 격차는 경기가 좋을 때에도 커지며, 경기가 나쁘면 더 심하게 커진다. 60세 이상의 노인들이 자녀들에게 받는 용돈에서도 실감할 수 있는 게 빈부 격차이다.

빈부 격차는 지금도 세계 곳곳에서 나타나고 있다. 미국을 예로 들면, 2008년 금융위기 이후 빈부 격차가 더 커져왔다. 자본주의가 급속하게 발전해 경제대국이 된 중국은 물론 일본과 우리나라에도 빈부 격차는 존재하고 그 차이는 점점 늘어나고 있다.

마태 효과라는 말을 들어본 적이 있는가. 성경의 마태복음 13장 12절에 나오는 "무릇 있는 자는 받아 넉넉하게 되되 없는 자는 그 있는 것도 빼앗기리라"라는 구절에서 나온 개념이다. 우리말로 표현하자면 부익부 빈익빈이 적당할 것이다. 부자는 더욱 부유해지고, 빈자는 더욱 가난해지는 것은 빈부 격차가 점점 더 커진다는 뜻이다.

부자가 급격히 증가한 이유로는 크게 세 가지가 거론될 수 있다. 첫째, 경기 불황기에 급락했던 보유 주식들의 현재 가격이 회복되면서 재산 가치가 증식되었다. 둘째, 부자들이 조세 피난처와 유럽 은행들에 숨겨두었던 재산들이 빛을 보았기 때문이다. 셋째, 사회구조적으로 발전이 이룩되는 과정에서 특수 정보들을 지속적으로 활용했기에 부자가 되었다.

반대로 가난이 지속되는 이유로는 크게 두 가지를 거론할 수 있다. 첫째, 국가가 가난을 방치했다. 인플레이션은 빈자에게 엄청난 고통을 준다. 반면 부자에게는 감기보다 더 적은 고통을 주는 게 인플레이션이다. 수입이 거의 고정되어 있는 빈자들은 물가가 상승하면 치명타를 입게 되나 부자들은 금융자산의 이자만으로도 물가 상승의 악영향을 상쇄할 수 있다. 인플레이션은 빈자에게는 태풍이나 부자에게는 무풍이다. 둘째, 빈자들이 스스로 부자가 되려는 노력이 부족한 면이 있다. 부자란 개인적인 노력의 산물이라고 본다면, 빈자들이 더 분발할 필요가 있는 듯하다.

빈부 격차를 해결하는 방법에는 크게 세 가지가 있다. 하나는 정부가 대규모로 빈자들을 돕는 방법이고, 다른 하나는 부자들이 빈자들에게 재산을 나누어 주는 것이며, 마지막 방법은 빈자들이 스스로 부자의 길로 들어서는 것이다.

정부가 지속적으로 나서는 것도 효과가 있다. 부분적으로 무상급식을 하면서 그것을 늘려가는 게 필요하다. 기름 값이 오르면 정부가 통제를 가하는 경우가 종종 있다. 그런데 서민, 영세업자 등에게 기름 바우처를 제공하는 것도 하나의 방법이다. 대학 등록금 문제 또한 정부의 지원이 어느 정도는 있어야 해결할 수 있다.

인구밀도가 거의 세계 최상위인 우리나라의 전체 국민들 중 하위 30퍼센트는 3000만 원 미만의 재산을 가지고 있다고 한다. 과거 현대자동차 정몽구 회장이 개인 재산 5000억 원을 기부했다는 뉴스가 나온 적이 있다. 그와 같은 일이 지속되어 국내 30대 그룹의 오너들이 수백억 원에서 수천억 원을 기부한다면 총재산이 3000만 원 이하인 사람들에게 도움을 줄 수 있을 것이다.

1980년대에 영국의 대처 총리는 다음과 같이 말했다.

"부자의 숫자를 줄이는 것으로는 가난을 해결할 수 없다."

부자의 수는 계속해서 늘리되 빈자를 끌어올리는 사회적·총합적인 노력이 필요하다.

빈부 격차는 부자와 빈자가 합의, 실행을 해야 어느 정도 줄일 수 있다. 예를 들어 빈부격차해소위원회 같은 것을 사회적 기구로 만들어 부자와 빈자들이 서로 머리를 맞대고 효율적인 방법들을 찾는 것도 바람직하다. 현실적으로 그것을 실행하는 방법 중의 하나가 사회적 기업에 부자가 투자하고, 빈자가 공동사업을 하는 것이다. 이렇게 하면 부자는 지원의 맛을 보고, 빈자는 혜택의 맛을 느낄 수 있다. 부자와 빈자가 서로 발전해나가는 것이다.

부자보상제와 부자공인제를 도입하라

빈부 격차를 감소시키려면 다양한 조치가 수행되어야 한다. 부자보상제와 부자공인제의 도입이 그 예다.

부자보상제란 부자로 인해서 피해를 본 지역이나 단체, 개인들이 부자를 상대로 손해배상을 받게 할 수 있는 제도이다. 부자가 악행을 저질러서 사회에 명시적 혹은 암묵적으로 피해를 입혔을 경우, 피해 당사자와 관계자들이 보상 요구를 비교적 쉽게 할 수 있도록 제도적 장치를 고안하는 것이다. 부자가 지급한 보상금의 일부(구체적인 수치를 거명하기는 쉽지 않지만 70퍼센트 정도)를 개인이나 단체가 수령하고, 나머지 금액(약 30퍼센트)을 지역재단이나 국민재단에 기부하는 방식도 가능하다. 부자보상제가 실시되면 뜻 있는 사람들이 다양한 형태의 지역재단이나 국민재단을 설립, 부자 보상 요구 절차를 실행하고 여기에서 받은 피해보상 금액의 30퍼센트를 미래의 발전을 위해 사용하거나 미래에 발생할지도 모를 비슷한 혹은 새로운 유형의 피해를 구제해주는 데 사용하면 된다.

부자공인제란 훌륭한 부자들을 지자체별로 표창하는 제도이다. 부자가 사회적으로 공인을 받으면 자신과 가문에 대한 자부심을 강하게 느끼고, 자신의 후손들에게 표창을 받은 부자들처럼 생활하라고 적극적인 권유와 교육을 할 수 있다. 전국의 기초 혹은 광역지자체별로 적게는 3명에서 많게는 30명에게 표창을 하면 이들은 계획적 사회 변화planned social change의 선도자로서 나설 것이다.

05

부자의 숨은 애국심 이끌어내기

빈자와 부자 중 누가 더 애국심이 강할까

빈자와 부자 중에서 애국심이 더 강한 사람은 누구일까? 오랫동안 분석하고 논의해본 결과 나는 '비교적 가진 게 적은 사람이 부유한 사람보다 애국 성향이 더 강하다'라는 결론을 내렸다. 나는 이를 '공동 성향propensity to get together'이라고 명명했다.

애국심이란 기본적으로 나와 국가가 동일시될 때 최고조에 달한다. 자아와 국가를 동일시하는 차원으로 끌어올리는 게 애국심의 핵심이다. 지고의 이타심이 발휘되는 순간이 바로 애국 행위를 할 때다. 돈으로 살 수 없는 것들 중에서 가장 큰 게 애국심이다. 또 인간의 가장 마지막 소원인 자아실현(자기가 꿈꾸었던 것을 성취하는 일)과 사회실현(사회가 원하는 것을 성취할 수 있도록 돕는 일)이 일치하는 순간 애국심이 발휘된다.

애국심이란 핍박받는 피해자들이 만들어가는 감정이라는 주장도 있다. 가난한 사람들은 공동체 정신이 비교적 강하고, 있는 사람들은 개인주의 성향이 강하다. 또한 빈자들은 감정에 의존하고 부자들은 물질에 의존한다. 빈자들은 기존의 인간관계를 중요시하나 부자들은 언제든지 물질로 새로운 사람들을 끌어들일 수 있으므로 새로운 인간관계에도 비중을 둔다.

빈자가 더 애국심이 많을 것이라 예측하는 이유는 국가 공동체 성향 때문이다. 빈자들은 부자들보다 사회의 공유라는 개념에 더 이끌리는 성향이 있다.

부자가 되고자 하는 마음은 이기심의 발로이지만 국가를 위하고자 하는 마음은 이타심에 의해 나온다. 탐욕에 찌든 부자들은 애국심이 낮은 경향이 있다. 또한 부자들은 이질적heterogeneous이고, 빈자들은 동질적homogeneous이다. 부자들은 스스로 하나의 큰 덩어리가 되며 타인들과 다르게 생각하고 행동한다. 반면 빈자들은 비슷비슷한 동질적인 집단들을 이루며 살아간다. 이러한 이유로 부자들은 애국심이 약하고, 빈자들은 애국심이 강할 가능성이 높다.

빈자와 부자는 자신의 애국심을 다르게 실천할 수도 있다. 예를 들어 빈자는 정신적인 애국심이 강하고 행동으로 애국심을 표현하고(남성의 경우 군대에 간다), 부자들은 경제적인 애국심(세금을 많이 냄)이 강할 수 있다.

애국심은 평안할 때보다 국난의 시대 때 더 강하다. 또 인터넷과 디지털이 발달한 시대인 현재보다 전통 지향적이었던 과거 사람들의 애국심이 더 강했다. 이탈 성향이 강할 때보다 동지의식이 투철할 때가 애국심이 더 높은 것도 사실이다.

6·25전쟁이 일어났을 때 군대를 이탈한 사람의 수는 100만 명 정도이다. 일본이나 다른 나라로 도망간 부자와 그의 가족들의 수도 꽤 많다. 전쟁터에서 죽은 대부분의 사람들이 서민의 자녀들이다.

일본에 지진이 났을 때 부자들은 하와이 등으로 피신했다는 소문이 떠돈 적이 있었다. 미국의 경우, 남북전쟁이 벌어졌을 당시 징집 제도가 있었는데 다른 사람을 고용해 대신 복무시키는 일이 가능했다고 한다. 전체 징집 대상자 20만 7000명 중에서 직접 복무한 사람은 4만 6000명이고, 나머지는 돈을 주고 대리인을 사서 보낸 것이다.

현재 미국 군대는 지원병제에 따라 군인을 모집하는데 지원자의 대부분이 가난한 집안 출신이라고 한다. 미국 성인의 약 40퍼센트 이상이 대졸자인데, 미군의 사병들 가운데 대학 졸업자는 10퍼센트 미만이다.

우리나라에서도 부잣집 자제가 직업군인이 되었다는 말은 거의 들어본 적이 없다. 자식이 커서 군대에 가는 일을 의도적으로 막기 위한 원정출산도 심각한 사회문제 중의 하나이다. 애국심이 있어야 존경받는 미래의 부자가 될 수 있다는 사실을 망각해서는 곤란하다.

평생 비행기를 타보지 못한 서민들은 난리가 나도 도피할 곳이 없고, '그래도 내 부모의 땅인데 나라를 위해야지' 하는 마음에 자식들을 전쟁터로 보낸다. 그러나 달콤한 미국 생활과 화려한 유럽 명품에 몸과 마음이 홀린 부자들은 조금만 분위기가 이상하면 비행기를 타고 뜰 준비가 되어 있다. 많은 이들이 빈자의 자녀들은 만기 제대를 하는 반면 부잣집 자녀들은 전부 병역기피를 한다는 의식을 가지고 있는 것도 이해가 된다. 실제로 부잣집 남자아이들이 디스크 환자라는 이유로 군대에 가지 않는 것은 큰 문제이다.

여기서 알아두어야 할 두 가지 핵심이 있다. 하나는 모든 부자들의 애국심이 약할까 하는 문제이다. 사실 모든 부자들이 비애국적이지는 않다. 밑바닥에서부터 스스로 부를 일구어낸 부자들, 종교심이 강한 부자들, 자신이 쌓은 부가 서민들의 호주머니에서 나왔음을 깨달은 부자들의 애국심은 빈자들보다 훨씬 더 강하다. 흉년이 들자 전 재산을 베푼 김만덕, 기독교 정신으로 항일 독립운동을 지원한 부자들, 무기명으로 재산을 국가에 바치고 사랑하는 자식들이 후방에 배치되자 관계자에게 일부러 부탁을 해 최전방으로 보낸 부자들도 있다. 의도적으로 병역기피를 하고, 고위 공직자 청문회장에 착석하는 사람이나 전 세계의 고급 정보들을 입수해 화려한 수법으로 재산을 해외로 빼돌리는 데 성공한 부자들이 우리 눈에 너무 많이 보이기는 하지만 말이다.

또 부자들 중에서도 후계자보다는 창업주의 애국심이 높은 경우가 많다. 창업주들은 자신들과 기업 자체를 거의 동일시하는데 그 창업이 시작한 곳이 자기 나라라는 데 자부심을 가진다. 조국에서 자신의 삶의 일부인 기업을 창업했으므로 자신, 기업, 국가가 동일

선상에 놓일 수 있는 것이다.

여기서 또 한 가지 드는 의문은 부자들이 언제나 매국적일까 하는 것이다. 부자들은 이기심 포장의 천재들이다. 부의 원천은 활활 타오르는 이기심에서 출발하는데, 부자들은 이득이 될 만한 일이면 언제든지 실행하는 경향이 강하다. 이는 수십 년 동안의 경험에서 나온 지혜로 그것 자체가 나쁘지는 않다. 단지 더 많은 재물보다는 사회의 인정을 보상의 대가로 여기면 훨씬 더 좋을 것이다. 인간의 가장 최종 욕구는 자신이 원하는 것을 실현하고 이를 세상이 알아주는 데 있다. 실제로 '나는 세상을 충만하게 만드는 데 일조하는 삶을 살았다'는 자아 만족감을 느낄 수만 있다면 무슨 일이든 할 부자들이 많다.

국가가 가장 필요로 할 때 엄청난 도움을 준 사람들은 거의 모두 '곧고 올바른 부자들'이었다. 로마전쟁에서는 당시 부자들의 5분의 1 정도가 전사했고, 미국과 유럽에서 벌어진 각종 전쟁에서도 부자들의 자녀들이 싸우다가 세상을 떴다는 기록이 많이 남아 있다. 임진왜란에 항거하려고 가산을 몽땅 털어 의병들을 규합하고 선봉에서 죽음을 향해 돌진한 부자들도 있다. 최근에는 수억 달러 이상의 사유재산을 가진 영국의 왕자가 전쟁터로 복귀했다는 기사가 나 세상을 감동시켰다.

숨은 애국심을 자극해 부자들을 국가의 리더로 끌어올리는 작업은 21세기의 빛나는 대한민국을 위해 아주 중요하다. 실제로 나라를 위해 잉여 재산을 사용하는 부자를 표창하고 국립묘지에 안장하자는 법안이 제출되었다. 부자들의 어린 자녀들에게 애국의 본질을 제대로 가르치자는 주장들도 나오고 있다.

구한말 당시 우리나라 국민들은 일본에 진 빚을 갚기 위해 집안의 온갖 패물을 모았다. 지난 IMF 때는 외채 갚기 반지 모으기 운동 등이 일어나기도 했다. 나라가 어려울 때 애국심이 활화산처럼 타오른 것이다.

부자들이 생각하는 부와 국가

세계의 국왕들은 전부 부자라 해도 과언이 아니다. 영국 여왕 엘리자베스 2세는 한때 말, 가구, 보석, 부동산, 예술품 등 약 4억 달러를 소유했다. 베아트리스 네덜란드 여왕은 로열더치셸 그룹의 지분 2퍼센트를 포함하여 32억 달러 정도를 소유했다. 사우디아라비아 파드 국왕도 부자였다.

부자들에게는 자신의 부가 국가보다 더 중요할 것이다. 유럽의 경우, 부유세가 징세되자 어떤 부자들은 이웃 나라들로 국적을 옮기기까지 했다.

글로벌 부자 기업은 국가보다 훨씬 더 강하다. 미국에서는 수입차 공장을 유치하려고 주지사들이 외국 기업체 회장들에게 굽실거리곤 한다. 영국과 독일에서도 조선회사를 자국 내에 유치하려고 정부 고위 관료들이 허리를 굽힌다.

이탈 성향이 강한 것도 부자들의 특징이다. 외국에 집이 있고, 심지어 외국 시민권까지 가지고서 국내에 거주하는 부자도 있다. 이런 사람들은 국가적 재난이 발생했을 때 국적을 변경할 가능성이 높다. 그 즉시 전용기를 타고 해외로 날아갈 수도 있다. 거부들은 보안 검색이 간소한 전용기를 가지고 있기 때문이다.

만약 강제로 재산의 절반을 세금으로 납부하라면 부자들은 어떻게 대응할까? 애국심을 논할 때 세금은 가장 중요한 문제 중의 하나이다. 2011년 경제인문사회연구회의 국민여론조사에 의하면 응답자 중의 약 41.4퍼센트가 납세 의무를 지키는 게 중요하다고 했다. 또 납세와 관련해 불공정한 일들이 많이 발생하는데, 구체적으로 살펴보면 고소득자 탈루(31.6퍼센트), 편법 상속(24.1퍼센트), 고액 체납(9.8퍼센트) 등이 있다.

국가 공동체의 구성원으로서 공동체의 운영을 위한 세금을 납부하는 것이 애국의 기본 개념이다. 따라서 공동체에 유지 비용을 많이 내는 사람은 애국심이 높다고 볼 수 있다.

사회갈등에서 사회통합으로

전반적으로 부자가 빈자보다 세금을 훨씬 더 많이 내는 것은 사실이다. 하지만 중요한 것은 세금을 더 많이 내고 싶어 하는 부자는 거의 없다는 점이다. "국가를 향한 제 사랑을 입증하고 싶으니 더 많은 세금을 부과해주십시오" 하고 세무서에 찾아가 간청하는 경우는 거의 없다. 마음 한구석에 있는 의무적인 애국 행위를 할 뿐이지, 스스로 나서지는 않는 셈이다.

"사회가 나를 만들었다"는 워렌 버핏의 말처럼 "국가가 나를 만들었다"고 외치는 부자가 한반도에 늘어나기를 바란다.

최근 사회갈등 비용이 GDP의 20퍼센트에 달할 것이라는 추정이 나오고 있다. 이럴 때일수록 사회갈등을 사회통합으로 이끌어내야 한다. 현실적으로 새로운 조세제도를 도입할 필요가 있다. 가칭 '사회통합세'를 징수하는 것이다. 이것은 전 국민이 내야 하는 세금으로(사회통합이란 전 국민에게 해당하는 것이므로) 현재의 재산과 소득 상황에 따라 매년 한 번 징수한다. 물론 세율은 소득에 따라 달라져야 한다. 가령 재산과 소득이 적은 사람은 0.1퍼센트, 거부는 1퍼센트를 내는 식이다. 재산이 1조 원이 넘고 연소득이 100억 원 이상인 부자는 1년에 10억 원 정도를 내고, 총재산이 200만 원이고 한 달 소득이 20만 원인 사람은 약 500원을 내면 된다.

또 이 비용은 모두 부자와 빈자를 통합하는 활동에만 사용하도록 한다. 이 행사의 경축식에는 반드시 빈자와 부자가 같이 올라가고, 권력을 가진 많은 부자들은 단 아래, 그것도 맨 구석 자리에 배치해야 한다. 단상에는 그늘진 인생을 산 사람들부터 올라가고, 부자든 빈자든 사회통합을 위해 노력한 사람들이 지식콘서트를 열고 경험을 공유하기 위한 행사를 여는 게 필요하다.

06

이상적인 미래 국가를 위한
부자의 역할

한국은 미래의 부자 국가

전 세계의 모든 개별 국가들은 부자들에 의해 움직인다. 여러 가지 통계자료가 이를 뒷받침한다. 1998년에는 세계 최고 부자 3명의 총재산이 당시 가장 가난한 나라 48개국 국내총생산을 모두 합친 것보다 더 많았다고 한다. 또 스위스의 부자 3퍼센트가 전체 국가 재산의 90퍼센트 이상을 점유하고 있다고 알려져 있다. 2000년에 재벌 출신인 레바논의 라피크 하리리 총리는 정계에 복귀했다. 한때는 전 세계에서 100대 부자의 반열에 올랐고, 100억 달러 이상을 소유한 하리리는 석유, 통신, 은행을 통제하면서 부자 통치자가 되었다. 국내 최고의 재벌그룹 삼성은 국내총생산의 20퍼센트 이상을 담당한다. 멕시코의 부자 12인의 총재산이 멕시코 국내총생산의 약 5.2퍼센트를 차지한 적도 있다.

중국의 맹자나 그리스의 플라톤은 전부 이상적인 국가를 제안했다. 맹자는 민심을 따르는 의로운 인물들이 다스리는 왕도국가가 이상적이라고 제시했으나 중국에서 이러한 국가는 나타나지 않았다. 플라톤도 용기, 절제, 지혜가 조화롭게 작용하는 정의로운 국가가 이상 국가라고 주장했으나 그리스에는 그런 국가가 없었다. 유토피아적인 국가는 영원한 꿈일 수밖에 없으나, 살아 있는 인간들인 우리는 어떻게 하면 이상적인 국가를 만들지 그 길을 끊임없이 찾아야 한다.

이상적인 국가로 가는 데 있어서 가장 힘을 써야 할 사람들이 바로 부자이다. 그런데 도리어 이상적인 나라를 만들기는커녕 국가가 실패하도록 만든 부자들의 사례가 많다.

과거 아르헨티나에서는 부자와 빈자의 상반된 행동이 나라를 비참하게 만들었다. 식량이 없는 시민들은 거리로 뛰쳐나온 반면 부자들은 아르헨티나 은행에 예금된 전체 달러의 약 40퍼센트를 해외로 송금했다. 세계 최고 산유국이었던 사우디아라비아는 방만한 재정 운용과 적자로 허덕인 적이 있다. 왕족들의 요청으로 사우디아라비아 은행들이 대출해준 수십억 달러가 회수되지 않았고, 5000명에 달하는 왕자들이 무기 거래 커미션과 정부 보조금을 모두 착복했기 때문이다.

심지어는 중국의 인민해방군도 무기 판매로 벌어들인 수많은 달러를 활용해 홍콩에서 부동산 투기를 한 바 있다. 인도네시아 수하르토 대통령의 부인은 생전에 많은 거래를 주도하고, 10퍼센트의 뇌물을 받아 '마담 텐퍼센트'라는 별명을 얻었다. 이슬람권 부자들에게서 자금을 지원받고, 소말리아계와 아랍에미리트연합의 은행들을 통해 테러를 지원했던 빈 라덴처럼 우리나라의 각종 범죄 자금들도 검은 루트를 통해 활발하게 전해지고 있다. 사망한 빈 라덴은 생전에 탈레반 마약 거래 대금의 10퍼센트를 챙겼다고 한다. '미스터 10퍼센트 빈 라덴'이라는 별명이 어울리지 않는가.

1894년에 태어나 1900년대에 일본 최고의 경영자가 된 마쓰시타 고노스케는 1932년에 향후 250년을 예상하고 사업계획 목표를 설정했다고 한다. 그리고 자원을 활용해서 끊임없이 새로운 것을 만들었다. 그는 지난 1000년간 일본의 경제계 인물 중 가장 뛰어난 최고경영자였다고 칭송받고 있다.

세계 최고의 IT 강국이면서 최고 수준의 대학 진학률을 자랑하는 대한민국은 지식 풍요 국가이다. 헛된 탐욕을 몰아내고 사회적·국가적으로 창조 합의가 되면 얼마든지 행복한 부자 국가가 될 수 있다. 세계 최고의 부자 국가 중 하나인 미국의 많은 국민들은 '부자가 되겠다는 욕구'를 가지고 있다. 이것이 미국이 부자 국가가 될 수 있었던 이유이다.

2006년도에 행해진 조사에 의하면, 이 세상에서 가장 부유한 국가는 스위스이고, 가장 가난한 국가는 에티오피아라고 한다. 우리나라도 스위스처럼 미래의 부자 국가가 될 수 있을까?

이미 전 세계인들이 우리나라가 미래에 빛나는 부자 국가가 될 수 있다는 예측을 하고 있다. 캐나다의 딜로이트금융연구소는 2020년에 우리나라의 부자가 173만 명으로 증가할 것이라고 예측했다. 유태계인 골드만삭스 투자은행은 2050년에 대한민국의 국내총생산 규모가 1인당 기준으로 세계 2위가 될 것이라 전망했다. 참고로 1위에 오른 국가는 미국이었다. 전경련이 전국 800명의 성인 남녀들에게 조사한 바에 의하면 20년 후에 대한민국의 경제를 낙관적으로 보는 응답자가 63퍼센트였고, 비관적으로 보는 응답자는 27.4퍼센트였다.

2010년, 대한민국 10대 그룹의 매출액은 874조 원으로 국민총생산의 84퍼센트를 차지했다. 우리나라 전경련 회장단 회의에서는 2030년에 소득 10만 달러를 달성하자는 외침이 튀어나오기도 했다.

미국이 국가 채무 상태에 도달하자 뜻있는 부자들이 부자증세를 주장하면서 나섰다. 가이 새퍼스타인이 주도한 이 운동에서는 45명의 백만장자들이 연소득 100만 달러 이상의 부자들에게 증세를 해야 한다고 주장했다. 경제계의 지도자들이 구성한 '웰스 포 더 커먼 굿'의 부자증세 서명운동에는 410명의 부자들이 서명했다. 워렌 버핏은 ABC 방송과의 회견에서 부자증세를 강조했다.

지금은 이와 같은 부자들의 적극적인 노력이 절대적으로 필요한 시대이다. 물론 빈자들이 부자들과 협력해 공동의 노력을 펼치면 더욱더 빛나는 미래 국가를 이룰 수 있을 것이다.

부자 국가는 우리 모두의 노력으로 이루어진다

2000년대에 영국의 엘리자베스 여왕은 홍콩의 리카싱 회장에게 영국 산업 발전에 공헌한 데 감사하며 기사 작위를 주었다.

일본 최고의 부자 반열에 10번 이상 오른 마쓰시타 고노스케. 초등학교 졸업이 학력의 전부인 그는 일본 국민들을 가난하지 않게 만들려고 지속적으로 무언가를 만들었다. 그러고는 아주 투명하게 회사를 운영해 누구든 경영 상황을 알 수 있게 했다.

부자 국가가 되려면 국가 전체가 하나로 거듭나야 한다. 1980년대 초반 국내총생산 성장이 마이너스 1퍼센트였던 아일랜드가 1980년대 후반에 연평균 약 6퍼센트 이상의 성장을 할 수 있었던 것은 국가 전체가 국가 발전이라는 명확한 비전 하에서 부자와 빈자가 하나가 되어 노력한 결과이다.

국가적 충격은 부자가 재산을 지키는 데 피해를 준다. 가령 9·11테러가 일어난 직후 4주 동안 미국 400대 갑부들의 재산을 조사했는데, 테러 전과 비교해 평균 17.9퍼센트가 줄었다고 한다. 우리에게도 익숙한 인물인 빌 게이츠는 같은 기간에 약 13.3퍼센트의 재산 손실을 경험했다. 국가적 재난이 증시에 악영향을 준 것이다.

국가와 사회에 대한 신뢰는 부자 국가를 만드는 데 절대적이다. 과거 미국에서는 국민들이 국가를 얼마나 신뢰하는지 두 차례 조사하고 발표한 적이 있다. 그런데 그 내용이 충격적이다. 1964년에는 국민의 4분의 3이 국가를 신뢰했는데, 1995년에는 국민의 4분의 1이 국가를 믿었다는 것이다. 영국, 일본, 캐나다, 이탈리아도 비슷한 경향을 보인다. 더구나 경제적 강자인 부자와 사회적 약자인 빈자 모두 국가에 대한 신뢰를 점점 잃어가고 있다. 이러한 이유로 미국은 2000년대에 세계 최대 채무국이 되어 국가 위상을 떨어뜨렸다.

작고한 김수환 추기경은 다음과 같이 말한 바 있다.

"우리나라는 돈 벌려는 욕심으로 경제를 일으켰다. 지속적인 경제성장 이면에는 탐욕으로 인한 부정과 부패가 있었다. 미래의 가장 중요한 국가경쟁력은 '정직'이 될 것이다."

고 정주영 회장은 "국가 발전에서 가장 중요한 것은 사람이며 자본, 기술, 자원은 그 다음이다"라고 생전에 이야기한 바 있다. 우리는 창업의 화신이었던 그의 정신을 본받을 필요가 있다. 단, 20대의 창업률이 다른 나라와 비교해 너무 낮고, 미래 성장동력이 제대로 갖추어지지 않은 것이 우려된다.

2010년, 전 세계 최고의 부자로 등극한 멕시코의 카를로스 슬림 텔맥스텔레콤 회장은 언론과의 인터뷰에서 이런 이야기를 한 적이 있다.

"내 재산을 국가에 바치면 모든 국민들이 300달러씩 받을 수 있다."

멕시코 국민의 거의 절반이 빈곤층에 속하니 그들 모두에게 재산을 나누어 주겠다는 생각이다. 물론 그 말이 현실이 될지는 앞으로 지켜보아야 하겠지만, 슬림 회장은 운전도 직접 하고, 방이 6개인 집에서 검소하게 살며, 부인과 사별한 뒤에는 재혼도 하지 않았다고 한다. 그의 사생활을 들여다보면 약속이 현실이 되지 않을까 기대가 되는 게 사실이다.

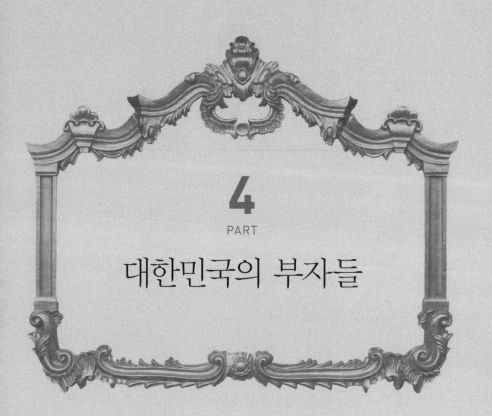

4
PART

대한민국의 부자들

01
다주택자와 무주택자

누가 집값 상승을 부추기는가

한 발표에 의하면 2010년도의 주택 보급률은 101.9퍼센트라고 한다. 호수는 1767만 개, 가구수는 1733만 개다. 그런데 2채 이상 집을 소유한 사람들이 약 89만 가구(5퍼센트 정도), 3채 이상 집을 소유한 사람들이 약 16만 가구를 차지하고 있다고 한다. 심지어는 1000개 이상의 집을 가진 임대사업자도 있다. 그런데 이 조사 결과는 현실을 제대로 반영하지 못한다고 한다. 빈집과 미분양 가구 등을 포함시킨 데다 복지시설 거주자나 외국인은 가구수를 파악할 때 제외되었기 때문이다. 또 1인 가구의 증대 비율도 다수 포함하지 못하고 있다.

일본의 경우, 인구 1000명당 주택수가 약 450채이다. 미국은 약 410채, 우리나라는 약 360채라고 한다. 우리나라의 집 부족 현상을 알려주는 통계이다. 또한 미국의 자가 주택 보유율이 약 75퍼센트인데 반해 우리나라는 약 60퍼센트이다. 역시 집이 충분하지 않음을 알려주는 통계이다.

우리나라는 가구의 전체 자산 중에서 부동산이 차지하는 비중이 70퍼센트를 훨씬 넘는다. 그에 반해 미국과 일본은 40퍼센트가 채 되지 않는다. 우리나라에서 부동산이란 주로 가구가 보유한 집을 의미한다. 다시 말해 집을 가진 가구는 집이 자산의 대부분이고, 반면 집이 없는 가구는 자산이 거의 없다는 뜻이다.

이창석 강남대학교 부동산학과 교수가 국민은행 자료를 분석한 바에 따르면, 지난 20년간 전국의 아파트 가격은 평균 259퍼센트, 연립주택 가격은 평균 99퍼센트 올랐다고 한다.

요즘 우리나라에서 전셋값이 최고조에 달했었던 1997년과 2001년의 전세 대란에 비할 정도의 전세금 인상 현상이 나타나고 있다. 지역별로 따지면 경기도 과천시, 수원 영통구, 경기도 화성시의 전셋값이 가장 많이 오르고 있다고 한다. 전세금이 대폭 오른 것은 다른 곳에 집을 가진 사람들이 특정한 목적들(자녀 교육, 출퇴근)에 따라 살기 좋은 지역으로 옮기려는 경향이 강함을 뜻한다. 2010년 인구주택총조사에 의하면 서울의 부자 3구인 강남구, 서초구, 송파구에서 전세를 사는 열 가구 중 네 개 가구는 다른 지역에 집이 있다고 한다.

과거에는 집의 대부분이 단독주택이었으나 지속적인 아파트 건설

붐으로 아파트와 단독주택의 비율이 역전되었다. 다주택자들이 신규 아파트를 많이 점유하면서 아파트 가격의 상승을 주도해온 것은 사실이다. 현재의 전세난도 다주택자들의 농간 탓이 크다. 수요가 많은 주택 공급량을 다주택자들이 암묵적인 담합을 통해 통제해 아파트 장사로 재미를 본 것이다.

다주택자들은 대개 부자이다. 다시 말해 부자가 더 부자가 되려고 아파트를 투기의 대상으로 활용해온 것이다. 정부가 아파트 투기를 조장한 면도 있다. 아파트 관련 규제를 상당 부분 완화해 여러 개의 주택을 가진 부자들에게 다시 재미를 볼 수 있는 기회를 제공한 게 문제이다.

과거 주택 가격이 지속적으로 상승할 때, 주택은 투기자산으로서의 의미가 상당히 강했다. 이것이 전체적인 주택시장 왜곡 문제를 야기했다. 그러나 지금처럼 아파트 가격 상승이 주춤한 상태에서는 투자보다는 생활 주거권의 문제로 접근하는 게 필요하다.

국민들이 살아가는 데 필요한 것들이면서 필수적인 성향이 강한 주거, 교육 등은 공공성에 기반해 생각할 필요가 있다. 반면 유흥, 오락 등 선택 성향이 높은 것들은 사익성에 중점을 두고 생각해야 한다. '타인의 것을 빼앗아서가 아니라 타인이 생각하지 못하는 것을 새로 창출해' 부자가 되는 사회가 바로 부자화 사회이다. 가치활용과 관련된 것들은 개인들이 스스로 발굴하게 하고, 가치활용에 참여하지 못했으나 필수적인 것을 필요로 하는 사람들에게는 지원을 베풀 필요가 있다. 그 대신 정부 등 공공기관에서 주택을 지원

받은 사람들은 사적인 욕심들(생활 터전을 떠나 원거리로 출퇴근하고, 거주 환경이 불편하며 공간이 협소한 데 따른 불만)을 스스로 제어해야 한다.

공공의 지원과 관련한 중요한 문제가 있다. 지원의 수혜자가 장기적으로는 금액의 대부분을 스스로 부담해야 한다는 원칙이 그것이다. 만약 수혜자가 아무런 부담도 지지 않으면 다른 사람들의 불만이 커질 수밖에 없다.

예를 들어 그린벨트의 거주자들을 낮은 가액으로 보상해주고 나서 보금자리주택 토지 매입 후 주변 아파트보다 20~30퍼센트 정도 저렴하게 보급하는 것은 약간의 문제가 있다. 그동안 개발이 억압되었던 그린벨트 내에 거주했던 사람들의 재산권이 제한되었는데, 그것의 대가로서 보금자리주택 당첨자가 이득을 보는 셈이기 때문이다. 또한 보금자리주택이 주변 시세보다 저렴하게 공급되는 비용을 장기적으로는 전 국민의 세금으로 충당하게 되는 것도 수혜자와 비용 부담자가 어긋나는 예다.

가치활용과 사회만족을 지향하는 부자학의 관점에서는 주택을 이용해 부자가 되려는 의도가 바람직하지 않다고 본다. 주택은 인간이 생활하는 데 꼭 필요한 기본 요소이므로 주택 관련 사업으로 폭리를 취하는 것은 정당하지 않다. 많은 주택을 소유하고 전세, 월세를 놓아 부자가 되겠다는 생각도 마찬가지다.

정부는 국민의 기본권인 주거권을 침해하면서까지 부자가 되려면 이들을 규제해야 한다. 단, 개인용 주택을 상대로 사회적으로 적절하다고 판단되는 이득을 취하고, 사치재의 의미가 있는 호화 주택이

나 기업 관련 건설에서는 상당한 이득을 취하는 것이 허용될 수 있다고 본다.

주거 문제에서 벗어나는 길

주택 보급률이 전국적으로 100퍼센트가 넘었다는 발표가 나오는데, 왜 나는 집이 없을까 하고 서글퍼하는 사람들이 있다. 10가구 중 평균 3가구가 내 집이 아닌 남의 집에서 산다. 두 발을 편히 뻗고 쉴 수 있는 내 집이 없는 것이다. 자기 집 점유율은 서울이 41퍼센트, 경기도가 49퍼센트이다.

정부는 주택 문제를 국가 제일의 과제로 삼고서 해결하도록 노력해야 한다. 부자화 사회에서는 사회 불만족을 최소화해야 하는데 기본적인 불만이 바로 '주거의 불안'에서 야기된다. 현재 정부가 추진하고 있는 정책들의 기본 방향이 좀 더 전향적일 필요가 있다.

그 방법 중 하나로 5조 원의 여유가 있는 국민주택기금을 활용해 주택 매입 자금과 전세금의 원금과 이자를 정부 등 공공기관이 일부 지원하는 제도를 생각해볼 수 있다. 그리고 청년들에게 30년 이상 장기 저리로 원리금 상환(수입 대비 변동 비율로)을 할 수 있게 해주어야 한다.

보금자리주택제도를 분양 위주에서 임대 위주로 대폭 전환하는 것도 가능하다. 분양용 택지를 임대용 택지로 변경하고, 장기 저리

임대로 전환하면 많은 무주택자들이 장기 임대로 집 문제를 어느 정도 해결할 수 있다.

정부는 2012년에 2만 5000개의 전세임대주택을 공급할 예정이다. 그중에서 1만 채의 전세임대주택이 대학생들에게 공급된다. 주택공사가 집주인과 전세 계약을 맺고 대학생들에게 100~200만 원의 보증금을 받아 20만 원 이내로 월세를 놓는 것이다. 이 정책이 잘 시행된다면 대학생들의 주거 문제가 조금씩 해소될 것이다. 더불어 고졸자에게도 같은 혜택을 주어야 한다.

주택 문제를 해결하려면 정부의 지속적인 관심과 노력은 물론 주택에 대한 개인들의 사고방식도 전향적으로 바뀌어야 한다. 본인의 경제 사정은 고려하지 않고 더 넓고 더 좋은 집을 선호하는 태도는 바르지 않다. 안락의 측면에서가 아니라 생존의 측면에서 적절한 규모의 주택을 마련할 필요가 있다. 가치활용의 측면에서 집은 거주하는 곳으로 한정하고, 집에 들어갈 물질들을 다른 곳에 전향적으로 투자하려는 노력이 필요하다. 구체적으로는 자신이 현재 원하는 평수보다 절반의 규모로 집을 마련하겠다는 생각을 가지는 게 좋다. 4인 가구가 편안하게 살려면 50평이 필요하다는 생각에서 벗어나 24평을 택하는 과감성이 필요하다. 전 세계 최고 부자 중의 한 명인 워렌 버핏은 수십 년간 4만 달러짜리(우리 돈으로 약 5000만 원) 집에서 살고 있다.

가능하다면 1가구가 아니라, 친인척이 모여 2가구가 같이 거주하면 필요한 자금을 30~40퍼센트 줄일 수 있다. 이렇게 해서 마련한 자금으로 창업을 하거나 새로운 투자처를 찾는 게 가능하다. 우리나라에는 대출을 끼고 집을 샀으나 집값 하락으로 고통의 늪에 빠져든 200만 명의 하우스푸어가 있다. 이들은 친인척을 세입자로 들이거나 그들과 월세로 공동으로 부담해 어느 정도 문제 해결이 가능하다.

같은 집에서 결혼한 형제들의 가족이 같이 사는 경우, '동서 시집살이'의 불만'을 토로하는 주부들이 있다. 일리가 있는 말이긴 하지만 보다 나은 삶을 위해 현재의 고통을 이겨내야 하지 않을까.

현재 부자 중 대부분이 웬만한 어려움을 극복했다는 사실을 잊지 말자. 언제나 편한 길에만 들어서서는 새로운 도약의 기틀을 다지기가 힘들다. 화장실은 하나인데 식구가 세 명에서 일곱 명으로 늘었다고 불평하기보다는, 시간관념을 철저하게 가지는 기회로 삼아보자.

실제로 우리나라에 아홉 가족, 36명이 한 집에 모여 사는 사례가 있다. 집을 짓기 전, 모든 사람들의 의견을 받아 서로 연결된 집 아홉 채를 지었다고 한다. 또 한 집당 한 평씩을 사용해 공동 식당을 만들고 매끼 식사를 같이 한다. 한 집에서 반찬 한 가지를 가져와 뷔페식으로 식사를 하는 것이다. 이처럼 공동으로 땅을 사고 집을 지으면 비용이 훨씬 적게 들어간다.

도시형 생활주택의 보급을 대규모로 늘리는 일도 바람직하다. 이러한 소형 주택의 경우, 가변형 벽체로 설계 및 시공하는 것도 가능하다. 현재 1~2인 가구가 전체 세대수의 절반에 육박하는데, 언제일지는 정확히 예측하기 힘드나 차후에 경제가 좋아져서 결혼한 가구가 늘어나면 도시형 생활주택과 같은 소형 주택의 과다 공급이 문제가 될 수 있다. 그때는 가변형 벽체를 활용해 중형 주택으로 변신이 가능하도록 집을 짓는 게 미래를 위한 현명한 대비라고 생각된다.

미국에서는 주거 관련 비용이 소득의 30퍼센트를 초과하면 차액을 정부가 바우처로 지원해주는 제도가 있다. 우리나라에서도 이와 같은 제도를 도입하면 효과가 있을 것이다. 월평균 소득이 거의 최저생계비 정도이고 자산이 거의 없는 저소득층이 2008년 기준 30만 가구 이상이라고 한다. 우리나라에서도 저소득층들이 월세를 납부할 때 일부를 정부가 바우처로 제공하면, 집주인이 이 바우처를 정부에 내고 돈으로 받아 가는 제도를 시행할 필요가 있다. 정부 부처 간의 이견으로 아직 실행되지 못하고 있는 이 제도를 적극적으로 추진해야 할 때다.

앞에서 친인척과 같은 집에서 살며 자금을 아끼는 방법을 제시했었다. 좁은 공간을 탓하지 않고 친인척과 한 식탁에서 밥을 먹으며 정상적으로 부자가 되는 방법들을 매일 30분씩 토론해보자. 좁은 공간이 극락, 천국으로 변할 것이다.

02
현찰 과잉 부자와
빚더미 속의 빈자

가계 빚 증가는 누구의 탓인가

돈이 있는 사람들은 점점 더 많은 돈을 모으고, 돈이 없는 사람들은 점점 수중의 돈이 줄어든다. 우리나라의 30대 대기업들은 수십조 원이 넘는 어마어마한 현찰을 보유하고 있다. 또한 일반인들의 상상을 뛰어넘는 연말 상여금을 지급하기도 했다. 반면 중소기업들은 돈 가뭄에 허덕이고 있다. 연말 보너스는 아예 주지 못하는 경우가 태반이다.

부자들의 해외여행 횟수는 점점 더 늘어나는 추세이다. 뉴욕과 파리로, 두바이와 바하마로 날아가는 그들의 손에는 두둑한 돈이든 외화통장이 있다. 그러나 라면으로 하루 세끼를 때우기도 힘든 사람들은 연탄불을 나누어 쬐면서 이번 달의 월세를 걱정한다.

1990년대의 IMF 위기 이후 100조 원이 채 되지 않았던 가계 부채가 매년 급증했다. 2010년에는 잡히지 않는 빚까지 합해 가계 부채가 1000조 원을 넘었다고 한다.

전 세계에서 GDP 대비 가계 빚이 가장 많은 나라는 미국(GDP 대비 약 90퍼센트)과 한국(GDP 대비 약 75퍼센트)이다. 가계 빚을 줄일 필요성이 절실한 때이다.

KTX의 속도보다 빨리 늘어가는 가계 빚은 누구의 잘못인가? 정부, 은행, 가계 모두 책임을 가지고 있다. 다음에서 각각이 어떤 잘못을 저질렀는지 구체적으로 살펴보자.

첫째, 정부가 부동산 정책에 실패한 까닭이다. 정치가들은 건설 및 부동산업(년도와 공시지가의 변동, 새로운 주택 유형 등장 등의 이유로 확실한 통계를 내기는 어려우나 대략 GDP의 20퍼센트 내외라고 함)을 풀어주었다가, 꽉 쥐었다가 마음대로 쥐락펴락했는데 그 영향이 너무 컸다.

한때는 건설 경기를 살리겠다고 국민들의 부동산 투기심을 부추겼고, 또 한때는 수도권과 지방의 격차를 줄인다며 지방을 대규모로 개발하고 지방 부동산 부자들을 양산했다. 언젠가는 서울 부촌의 아파트를 강력 규제하면서 부동산 심리를 위축시켰고, 또 언젠가는 부자들이 돈을 풀어야 한다며 부동산 부자들에 대한 규제를 조금씩 풀어주며 국민의 부동산 구입 욕구를 떨어뜨렸다. 이 모든 정책의 실패가 가계 빚을 태산처럼 늘렸다.

1000조 원이 넘는 가계 빚의 약 60퍼센트는 주택담보대출로 인한 것이다. 가계 빚의 약 70퍼센트는 부유층과 중산층이 진 빚이다. 집을 여러 채 가진 사람들이 빚을 내 주택 투기를 하면서 가계 부채가 폭증한 것이다. 집 장사를 하려는 부자와 내 집을 마련하려는 어느 정도 여유 있는 중산층이 은행에서 저금리로 돈을 빌려 아파트에 투자하니 가계 부채가 늘어날 수밖에 없다.

정부가 IMF 이후 경기를 살린다며 신용카드를 국민 필수품으로 만드는 정책을 펼쳤는데 그 후유증이 지금도 큰 영향을 미치고 있다. 불투명한 자금 흐름을 투명하게 만들려고 신용카드 공제제도를 확산시킨 것은 나쁘지 않다. 그러나 정치적인 목적에서 신용카드 대출을 무분별하게 늘려 일부 많은 현찰을 보유한 사람들을 제외한 거의 모든 국민들에게 현찰 벼락이 떨어진 듯한 착각을 준 것이 문제이다.

선진국의 경우, 신용카드 보급률이 50퍼센트 정도이다. 반면 우리나라는 신용카드 보급률이 90퍼센트가 훨씬 넘고 한 사람이 몇 개씩이나 되는 신용카드를 돌려 막으면서 사는 경우도 있다. 최근 정부가 신용등급이 낮은 1200만 명의 카드 발급을 제한하고 나섰지만 뒤늦은 조치가 아닌가 싶다.

둘째, 돈을 끌어 모으려는 은행들 때문에 가계 빚이 늘어났다. 은행들은 가계 대출을 늘려 엄청난 순이익의 증가를 맛보았다. 신용등급이 우수한 사람들에게 신용대출을 늘리고(물론 담보대출과 병행하면서) 저금리에 빌려서 투자하거나 풍족한 생활을 영위하라는 은근한 권유가 먹힌 것이다. 그리고 은행들은 신용등급이 낮은 사람들에게도 조금씩 돈의 액수를 늘려 대출을 해주었다.

햇살론은 지역 신용보증재단이 85퍼센트를 보증하고, 은행이 15퍼센트를 부담하는 방식의 제도이다. 그런데 은행들은 자신들의 부담을 덜기 위해 15퍼센트에 해당하는 적금을 미리 들게 하고 나서 대출을 해주곤 한다. 정부의 정책을 교묘하게 피해나가려는 속셈이다.

신용등급이 아주 떨어진 사람들은 제2금융권으로 밀리면서 고리의 자금을 끌어다 생활비로 사용했다. 실제로 제2금융권 대출액은 280조 원을 넘어섰다.

신용카드 사기가 급증했음을 알면서도 관리를 소홀히 한 몇몇 카드 회사들의 책임도 크다. 따라서 사기를 당한 카드 사용액의 원금 일부를 법적으로 탕감해주는 게 올바르다.

셋째, 중산층과 저소득층이 생활비와 자녀 교육비, 기타 목적으로 대출을 늘린 것도 가계 부채 증가의 원인이다. 우리나라 사람들이 평균적으로 가장 많이 쓰는 비용은 식비, 사교육비, 교통비, 대출이자 상환금이다.

가계 빚이 증가한 또 다른 이유는 자녀의 대학 등록금 마련이다. 학자금 대출은 대학들이 부자가 되려는 의도에서 만든 것이므로 대학에도 책임이 있다. 대학은 장학금을 많이 지급하는 방식으로 책임을 져야 한다. 대학을 감독하는 정부에게도 책임이 있다. 정부는 학자금 대출 이자를 인하하는 방안을 추진할 필요가 있다.

요즘에는 보험금을 담보로 대출을 받는 서민들도 있다. 이는 벼랑 끝에 몰린 저소득 가계들이 많음을 의미한다. 또한 9억 원 이상의 주택을 담보로 돈을 빌린 고소득자들의 절반은 소득의 6배가 넘는 대출금을 가지고 있다고 한다. 집만 있고 소득이 많지 않은 사람들의 가계 빚에 대한 부담이 점점 늘어나는 실정이다.

어떻게 가계 빚을 없앨 것인가

가계 빚 증가의 책임은 상당 부분 정부에게 있다. 정부는 가계 빚을 없애는 데 적극적으로 나서야 한다.

현재 총 가계 빚의 약 80퍼센트는 담보대출이고, 약 20퍼센트는 신용대출이다. 담보대출은 담보의 가액이 급히 떨어지는 경우(집값의 추락)를 제외하면 어느 정도 여력이 있다. 물론 이자가 많이 나가서는 안 되지만, 한국은행과 정부가 일단 저금리를 상당 기간 유지할 것으로 보여서 이 점은 어느 정도 마음이 놓인다.

가계 빚이 무한정 늘어나면 세금을 거두는 데 차질이 생기고 내수도 돌지 않게 된다. 따라서 금융권의 신용대출을 담보대출로 전환하도록 유도하면서 그 이자 차액만큼을 정부가 일정 기간 동안 금융기관에 보전해주는 방식을 고려해볼 수 있다. 이렇게 되면 신용대출이 담보대출로 바뀌면서 이자 부담을 덜 수 있다.

담보대출은 현재의 짧은 만기를 30년 장기 저리로 일부 변경할 필요가 있다. 30년 장기 저리로 원리금을 조금씩 갚아가는 제도로 바꾸면 서민들의 부담이 한결 가벼워질 것이다.

그러나 담보가 없는 신용대출은 일시에 무너질 수 있다. 과거에는 상류층과 중산층에서 신용대출을 많이 했는데, 최근에는 저소득층이 생활고로 고리의 신용대출을 많이 받는다. 우려되는 상황이 아닐 수 없다. 하루 빨리 전체적인 신용대출을 줄여나가야 한다. 현재 은행과 보험사에서 기존에 든 적금과 보험을 해약하고 현금을 찾는 경우가 늘고 있다. 이것을 예금담보나 보험금담보 대출로 전환할 필요가 있다. 예금이나 보험을 해약하지 않고, 90퍼센트 정도는 담보대출을 받도록 유도하는 것이다. 이 경우 대출이자가 예금이자보다 1~2퍼센트 많으므로 문제가 될 수 있는데, 이것을 정부와 공공기관에서 지원해주어야 한다.

신용등급이 낮은 사람들의 신용카드 발급을 막으면 장기적으로 가계 빚 규모를 줄이는 데 효과가 있을 것이다. 그러나 단기적으로는 신용카드를 쓰지 못하는 사람들이 대부업체와 고금리 사채로 몰릴 수가 있다. 정부는 이자제한법을 확실하게 준수하도록 하면서 중산층과 서민들이 살인적인 금리에서 벗어날 수 있도록 행정을 수행해야 한다.

신용회복위원회의 프리워크아웃제도나 법원의 개인회생제도가 가계 빚을 감당하기 힘든 사람들에게는 도움이 될 수 있다. 정부는 신용회복제도를 전 국민에게 적극적으로 홍보하고 쉽게 활용하도록 도와 그들이 새로운 삶을 살 수 있도록 도와야 한다.

가계 부채가 증가한 데 어느 정도 책임이 있는 은행들도 국가적인 가계 빚 감소 노력에 동참해야 한다. 돌아오는 주택담보대출의 만기를 연장해주고, 장기간 연체 없이 이자를 납입하는 사람들(예를 들면, 10년 이상 이자를 기한 내에 완전 납부한 경우)에게는 대출이자율을 조금 내려주는 방법도 고려할 수 있다.

또한 은행은 중소기업 대출을 늘려가야 한다. 대기업에게만 대출을 해주려는 은행권의 관행 때문에 자금 확보에 어려움을 겪는 우량 중소기업들이 상당히 많다. 은행이 대기업들에게 대출해주는 돈의 절반, 아니 3분의 1만을 지원해주면 중소기업들은 날개를 달고 훨훨 날 수 있을 것이다.

마지막으로 가계 빚을 진 당사자들도 초인적으로 절약을 하며 스스로 부채규모를 줄여나가야 한다.

미국의 경우, 2008년 이후에 가계 빚이 줄었다고 한다. 2008년에는 12조 5000억 달러, 2009년에는 12조 1000억 달러, 2010년에는 11조 6000억 달러로 빚이 줄었다. 비결은 신용카드 사용액의 감소와 소비자들의 절약에 있다.

초인적인 절약을 해야 가계 빚도 줄이고 부자로 나아갈 수 있다. 스마트폰을 없애고 한 시간마다 이메일을 체크하고, 자동차 없이 살면서 집 크기를 줄이고, 비싼 속옷은 입지 말고, 신용카드를 없애버리고, 잡비를 없애면 당신도 충분히 부자가 될 수 있다.

500만 명이 넘는 자영업자들의 대출이 지속적으로 늘고 있다. 1~2인 영세사업자가 받는 대출은 곧바로 가계 빚이 된다. 협동조합 기본법이 법제화가 되면서 5인 이상이 모이면 금융업을 제외한 거의 모든 업종에서 상호 협력을 할 수 있게 되었다. 개인 차원에서 자영업자협동조합을 만들고 협동조합 상호부금을 늘려 가계 빚을 줄이는 방안을 모색해보자.

03

부자화 사회로 가는 길

실업과 저임금에 시달리는 빈자들

최저임금을 두 배로 올려라

최저임금을 받고 일하는 사람의 대부분은 아르바이트를 하는 대학생 등을 포함한 미취업자이다. 대기업들은 그들이 운영하는 외식업체, 유통업체, 서비스업체 등에서 미취업자들을 대규모로 고용해 많은 순익을 남기려고 한다. 중소기업들이 임금 삭감을 위해 최저임금제를 활용, 대학생과 미취업 청년들을 고용하는 것보다 훨씬 더 심하게 말이다.

전국적으로 커피 열풍이 불면서 10여 개의 기업형 커피 전문점이 생겨났다. 그들은 1만 개 정도의 점포를 운영하는데, 개중에는 재벌

그룹 계열의 대기업들도 있다. 그런데 대기업에서 운영하는 일부 커피 전문점에서조차 최저임금제를 지키지 않고 있는 실정이다. 말 못할 대학생들의 애환을 들어주는 공공기관도 거의 없어 최저임금을 받지 못하고도 그냥 넘어가는 일이 즐비하다.

이러한 문제를 해결하려면 시간당 1만 원 정도로 최저임금을 올리고, 이익 공룡인 대기업들이 법을 철저하게 지키도록 규제해야 한다. 이익과 손해를 번갈아 보는 중소기업들의 경우에는 어느 정도의 탄력적인 시행을 하도록 권유하는 게 바람직하다.

현대경제연구원이 조사한 바에 의하면, 2009년부터 3년 동안 청년층 실질 임금은 마이너스 성장을 한 것으로 나타났다.

사회적 부의 증대는 부자사회의 필수 요건이다. 현재 최저임금조차 받지 못하는 노동자들이 200만 명 이상인 것으로 추산된다. 게다가 1980년대 후반에 최저임금제가 도입된 이후 현재까지 최저임금 위반으로 적발된 8000여 건의 사건 중 법적인 처벌을 받은 사례는 단 3건에 불과하다. 정부가 최저임금 위반 사례를 암묵적으로 눈감아주는 실정이다.

OECD 국가들 중에서 우리나라의 저임금 계층이 가장 많다고 한다. 임금 차별도 일상적인 일이 되고 말았다. 최저임금을 받으며 한달 내내 일했는데, 총액이 기초생활수급자보다 낮다면 그야말로 황당한 일이다.

2011년 기준, 근로자의 평균 임금은 270만 원 정도이다. 월평균 근무시간이 약 180시간이라고 가정하면 평균 시급은 약 1만 5000원이다. 그런데 최저임금은 이것의 3분의 1도 채 되지 않는다. 나는 최저임금을 1만 원 정도로 올려야 한다고 생각한다. OECD의 권고안도 비슷하다.

비정규직의 최저임금제를 보완하기 위해 사회 임금social wage이라는 개념을 도입해 지역재단이나 국민재단에서 일부 지원해주는 방식도 유용할 것으로 판단된다.

생각을 전환하면 일자리가 보인다

실업 문제는 일자리를 늘려야 해결의 실마리가 보인다. 인구 증가율이 상당히 낮은데도 일자리가 줄어든 데는 정부의 노동유연화 정책과 대기업의 정규직 고수 분위기가 한몫을 했다.

정부는 IMF를 겪고 난 뒤 해외 대기업의 운영 방식과 비슷한 노동유연화 정책을 적극적으로 도입했다. 그 결과 정규직과 비정규직을 양분화해서 운영하도록 허용한 측면이 있다. 대기업의 정규직들은 강력한 노동조합의 단결력으로 기업에 대항력을 가지는 동시에 2교대제와 주말 잔업을 활용해 근로 임금을 높여갔다.

주야 2교대 근로자들의 야간 초과근무와 주말 초과근무를 어느 정도 제한하면 수십만 개의 일자리가 새로 생긴다고 한다. 기존의 근로자들이 추가 근무를 하면서 더 많은 수당을 받아가는 현상 때문에 신규 일자리가 줄어든 것이다.

정규직 여교사는 임신을 하면 출산휴가와 육아휴가 등의 법적인 혜택을 받는다. 하지만 임신한 비정규직 여교사가 그 사실을 학교에 알리면 해고를 당한다.

비정규직에 대한 대기업들의 사고도 문제이다. 대법원이 사내 하청 근로자라도 2년 이상 근무한 경우에는 정규직으로 고용해야 한다는 판결을 내린 적이 있는데, 이를 따르지 않은 해당 대기업들이 많았다. 대놓고 법질서를 무시한 것이다. 이에 대항해서 파업한 근로자들 중의 일부를 해고하기까지 했다.

최근에는 하도급 근로자의 차별에 대한 징벌적 배상제가 논의되고 있다. 법을 무시한 경우에는 개인이나 단체를 불문하고 강한 법적 제제 조치가 따라야 법의 실효성이 선다.

비정규직의 숫자는 파악하기 힘들지만 정부 발표로는 570만 명 정도라고 한다. 또한 2010년에 법이 정한 최저임금을 받지 못한 노동자가 약 190만 명인데 이 중 90퍼센트 이상이 비정규직이라고 한다.

비정규직 문제를 해결하려면 어떻게 해야 할까. 비정규직의 임금 수준을 정규직의 80퍼센트로 올릴 필요가 있다.

현재 미국의 자동차 업계에서는 정규직보다 비정규직이 더 많은 임금을 받는다. 기업이 불안정한 고용 리스크를 감안해준 결과이다. 일본에서는 아르바이트생에게 정규직이 받는 임금의 80퍼센트를 지급한다. 스웨덴은 '동일 노동 동일 임금'이라는 원칙을 따르기에 정규직과 비정규직의 임금 차이가 거의 없다.

중소기업 청년인턴제도를 활성화하는 방법도 비정규직 문제를 해결하는 데 도움이 된다. 청년들이 중소기업에서 인턴으로 6개월간 근무하고 정부가 월 80만 원 한도에서 봉급을 지원해주는 것이다.

그리고 6개월 후에 정규직으로 그 기업에 취업하면 다시 6개월 동안 정부가 지원을 해주는 게 청년인턴제도이다.

청년실업, 창업으로 극복하라

20~30대의 불타오르는 욕망을 창업에 쏟아 성공한 청년 부자들. 그들이 실패를 어떻게 극복했는지를 세상에 알리는 것은 청년실업자가 수백만 명인 이 시대를 극복하는 하나의 해법이 될 수 있다.

아르바이트를 해서 번 500만 원으로 100퍼센트 우리 농산물로 담근 김치 사업에 뛰어든 한 남자 휴학생은 단기간에 1000만 원을 벌었다. 고등학생 때 쇼핑몰 모델로 활동한 것이 인연이 되어 졸업 후 차린 남성복 쇼핑몰로 대박을 친 젊은이도 있다. 쇼핑몰 CEO가 되기 직전, 그는 단돈 100만 원을 받고 생산직 사원으로 일했다고 한다. 고교 때는 백댄서로, 20대 때는 보석 원자재 수입가로 활동했던 한 젊은이는 사진 전용 앱을 개발해 아시아 유망 벤처로 표창을 받기도 했다.

미혼 남녀들에게 하루에 한 명씩 건전한 소개팅을 해주는 SNS 서비스로 월매출 1억 원을 넘긴 20대 여성도 있고, 도검과 가스총을 차고 여성 전용 경호벤처를 차려 직원 수십여 명을 고용한 30대 여성도 있다. 박지성 선수가 나오는 진짜 동영상과 짝퉁 동영상을 구분하는 기술을 개발한 청년 사장은 해외 투자를 받았고, 드라마에 외국 시청자들이 스스로 외국어 자막을 붙여 넣게 만든 젊은 부부는 미국 벤처의 떠오르는 우상이 되었다.

이들 모두는 창업 전후의 좌절과 실패를 딛고 일어섰다. 한때의 실패로 부모님을 낙심시키고, 학교를 중퇴하고, 동업자에게 배신당하고, 자살 충동도 있었으나 결국은 모두 극복했다. 실패에서 새로운 성공의 황금길을 찾아내는 것을 나는 '실패 내부화failure internalization'라고 부른다. 이는 실패 원인들의 유형을 분석하고 자기 통제로 극복한다는 뜻이다.

지금 당장 어떻게 해서든 부자들에게 전화해 만나자고 해보라. 그들의 생생한 체험 언어는 '살아 있는 부자학 교과서'이다.

떠나간 스티브 잡스 또한 실패한 경험이 부지기수이고, 대한민국 최고 재벌들의 실패의 기록들도 엄청나게 많다. 실패는 끝이 아니라 미래에 성공하기 위한 최고의 선생임을 깨달아야만 부자가 될 수 있다.

"될 것 같았던 일이 실패해서 해외 도피 직전에까지 몰렸던 적이 한두 번이 아니다."

어느 연로한 부자의 말이다.

"20년간의 경험을 바탕으로 7년간 준비해 창업을 했는데 실패했다. 그 스트레스로 시력을 거의 상실한 뻔했다."

한 중년 부자는 과거를 돌이켜보며 이렇게 말했다. 그들에게는 이제 과거의 실패가 유쾌한 추억거리로 남았다.

위의 사례들은 모두 부자란 자신이 좋아하는 일을 지속적으로 수행하는 사람임을 말해준다. 청년실업의 늪 속에 빠진 젊은이들은 지금 당장 창업을 해보는 게 좋다. 가장 좋은 준비는 직접 부딪쳐보는 것이다. 먼저 창업을 해보고, 실패했을 경우 그 원인을 철저히 파악하면 된다. 실패 수수께끼를 풀어나가는 것은 인생에 많은 도움을 준다. 당장 어떻게 창업을 할지 이리저리 생각해보라. 부모님, 이성 친구, 나를 배신한 사람들 등등 주변의 모든 사람에게 도움을 청할 수 있다.

만약 창업을 했다가 실패를 맛보았다면 내부와 외부로 구분해 원인을 파악해야 한다. 내부의 문제(돈, 사람, 기술)는 비교적 극복하기가 쉽다. 돈이 모자라서, 부모님의 반대가 너무 심해 의기소침해져서, 취업과 창업을 병행하느라 힘들어서 등등 내부의 문제는 자기 통제력을 발휘하면 극복할 수 있다. 돈이 모자란다고 해도 속옷 살 돈도 아끼고, 하루에 두 끼만 먹고 다이어트를 하는 등 어떻게 해서든 자금을 모을 수 있다. 부모님이 반대한다면 아주 작은 규모의 사업을 시작해 보여드리면 된다. 취업과 창업을 모두 하겠다는 건 도둑 심보이니 한 가지에만 집중한다.

그러나 외부의 문제(제도, 유행, 경쟁)는 다르다. 특정 식품을 파는 사업을 시작했는데 정부에서 건강에 유해하다는 판정을 내렸다면 어떻게 될까. 사람의 몸에 나쁜 물건을 팔면 안 되니 당장 사업을 접어야 한다. 아주 좋은 제품을 개발했는데도 시대에 너무 앞서 가서 실패할 수도 있다. 빼어난 천재들이 부자가 되지 못하는 이유는 이 때문이다. 현시대보다 5개월만 빨라도 충분하다. 어떤 제품을 10년 빨리 개발했다면 당신은 지옥을 맛보게 될 것이다. 또 내가 모르는 사이에 세계적인 대기업들이 국내에 진출해 더 훌륭한 물건을 내놓았다면 나는 실패할 수밖에 없다. 청년창업자가 매출이 100조 원 이상인 글로벌 대기업과 싸워 이기는 것은 불가능하기 때문이다.

내부 요인에 의한 찰나의 실패는 70퍼센트 이상 극복할 수 있다. 외부 요인에 의한 상황적 실패도 30퍼센트 이상 극복이 가능하다. 내부 요인으로 실패했다면 바로 다시 도전하고, 외부 요인에 의해 타격을 받았다면 거듭 숙고해야 한다. 한 가지 다행인 점은 외부 요인도 내부화할 수 있다는 것이다. 적당한 때가 오기 전까지 기다리고, 부단히 후원자를 모집하고, 원래 개발했던 것보다 약간 기능이 떨어지는 제품으로 시장을 길들이고, 소비자들을 새로운 개념으로 이끌면 된다.

이 세상에서 시장통제를 할 수 있는 사람이나 기업은 거의 없다. 그러나 시장의 새로운 길을 여는 것은 대한민국의 20대라면 학력 수준과 상관없이 누구나 할 수 있다. 나는 못한다고 지레 포기하는 것은 부자가 되지 못하는 가장 큰 이유이다.

창업에 실패한 사람들은 다시 일어나기 힘들 정도로 나쁜 상황에 처하게 된다. 거의 모든 재산을 차압당해 부활을 꿈꾸기가 쉽지 않다. 중소기업중앙회와 하나은행이 공동으로 진행하고 있는 '노란우산공제'는 창업 실패를 극복하는 데 좋은 제도이다. 창업자가 실패하면 일종의 자영업 퇴직금 같은 것을 받아 생활비와 재활 비용으로 활용할 수 있도록 돕는 제도이기 때문이다. 자영업자들이 매월 5만 원에서 70만 원 사이에서 자신이 정한 금액으로 가입하면(분기당 납입 한도는 210만 원) 나중에 납입한 원금이 전부 보장되고 복리 이자가 붙어서 자영업을 폐업할 때 일시에 혹은 분할해서 돈을 받을 수 있다. 1년에 300만 원까지 소득공제도 가능하고, 자영업자가 빚이 많을 경우 다른 모든 동산과 부동산에는 차입이 들어와도 이 노란우산공제는 법적으로 차입이 불가능하다.

04
무상복지와 유상복지

복지, 늘리는 게 답이다

단군 이래 양극화가 최고 수준이라고 한다. 경제적 양극화는 경제 발전을 하면 할수록 더 커진다. 수십 년 후에 국민소득 5만 달러를 넘으면, 우리나라의 경제적 양극화는 현재보다 적어도 3배는 더 커질 것이다. 해법은 사회복지를 늘리는 데 있다.

경제적 약자인 기초생활보호대상자는 그간의 정부의 노력에 의해 어느 정도 사회복지의 혜택을 받고 있다. 그런데 의외로 차상위 계층은 제대로 된 사회복지 혜택을 받지 못하는 경우가 많다. 특히 자녀가 있으면 사정이 더욱 힘들다.

사회복지를 싫어하는 사람은 아무도 없을 것이다. 아무리 부자라도 공짜라면 기를 쓰고 받으려고 하니 말이다.

나는 복지를 늘리는 것이 바람직하다고 생각한다. 직접적인 물품 지원이나 금전적인 혜택, 간접적인 다양한 공제나 지원 등 어떤 형태로든 말이다. 복지를 확대해야 부자와 빈자의 간격을 줄일 수 있기 때문이다.

복지를 늘려야 하는 또 다른 이유는 복지가 의외의 바람직한 파생 효과를 창출하는 면이 있어서다.

2011년은 무상복지와 유상복지에 대한 사회적 논쟁이 뜨거웠던 한 해였다. 대세는 무상복지 쪽으로 기울어지고 있는 듯하다. 무상복지를 행하는 구체적인 시기가 문제가 되고 있지만 말이다. 2011년에 무상급식을 실시한 지방자치단체의 물가가 하락했다는 발표가 나왔다. 농축수산물의 가격이 크게 상승했으나 무상급식으로 인해 가계의 지출이 줄었다는 것이다. 초등학교 무상급식을 하고 있는 여덟 개 지자체에서 물가가 하락했다. 구체적으로 살펴보면 광주가 마이너스 0.31퍼센트, 경기도가 마이너스 0.3퍼센트, 충청북도가 마이너스 0.28퍼센트, 인천이 마이너스 0.25퍼센트, 충청남도가 마이너스 0.24퍼센트, 전라북도가 마이너스 0.22퍼센트, 제주도가 마이너스 0.21퍼센트, 서울이 마이너스 0.1퍼센트 하락했다.

사회복지는 두 가지로 구분해서 생각해야 한다. 하나는 경쟁력 창출이 원천적으로 불가능한 사람들에 대한 혜택성 복지이고, 다른 하나는 약간의 지원을 제공하면 경쟁력을 강화해나갈 수 있는 사람들을 상대로 한 강화성 복지다. 장애우나 노약자 등 원천적으로 경쟁력을 강화하기 힘든 사람들에 대해서는 큰손인 정부가 적극적으로 나서야 한다. 그들이 최소한의 생활을 보장받을 수 있도록 도와주는 것이 정부의 의무이다. 자본주의 4.0(따뜻한 자본주의) 하에서는 사회적 약자의 자녀들에게는 무상급식을, 노약자들에게는 거처를 제공하는 것 같은 혜택성 지원이 필요하다.

강화성 복지는 스스로 생산성을 가진 사람들을 지원하는 형태로 이루어져야 한다. 2007년 사회적기업육성법이 제정되었다. 이 법에 의해 만들어진 사회적 기업은 돈을 벌기 위해서가 아니라 일자리를 창출하기 위해 기업 활동을 한다. 사회적 기업의 주주는 투자수익률이 아니라 사회공헌을 목표로 한다. 여유가 있는 부자들은 사회적 기업에 투자해야 한다. 그래야 사회적 기업이 재생산을 하면서 점점 더 투자의 사회 확대 현상이 가속화될 수 있다. 또 사회적 기업의 경쟁력을 훨씬 더 강화해야 한다. 2009년 매출액 대비 사회적 기업의 영업손실은 23.8퍼센트였으며 정부나 지방자치단체로부터 35.7퍼센트의 지원금을 받았다. 다시 말해 정부나 지자체의 도움이 없었다면 상당한 손실을 보았을 것이다.

물론 나쁜 짓을 일삼는 사회적 기업들도 있는데, 앞으로 반드시 없어져야 할 것이다. 서울시가 지원하는 사회적 기업 네 곳 중에서 한 곳이 서울시로부터 부당 임금을 수령해 간 것으로 밝혀졌다. 사업주가 장애인인 근로자의 통장을 가로채 서울시에서 준 지원금을 빼앗기도 했다. 종교단체가 운영하는 사회적 기업의 사업주가 근로자를 거짓으로 고용하고 허위 신고를 해 부당 지원금을 받은 사례도 있다.

누가 사회복지 비용을 부담할 것인가

복지는 늘리는 것이 바람직하다. 무상복지와 유상복지를 구분하려는 노력은 시간이 갈수록 별다른 의미가 없어질 것이다. 이대로 간다면 앞으로 20~30년 후에는 정부 예산의 거의 절반이 사회복지에 활용될 것이다. 낮은 인구증가율에 급증하는 노령 계층이 한꺼번에 얽히면서 총 복지 예산은 현재보다 최소 열 배는 늘어날 전망이다.

현재는 전 국민에게 골고루 복지 혜택을 줄 것이냐, 아니면 일부 저소득층으로 수혜자를 제한할 것이냐가 논쟁의 초점이다. 하지만 장기적으로는 무상복지가 확대되는 쪽으로 방향이 흘러갈 것이다.

정부

정부는 소득 양극화 현상이 일어난 것에 대해 얼마나 책임이 있는가? 비정치적인 입장에서 논의를 시작하자면, 정부는 소득 양극화에 상당한 책임을 가진다. 1990년대에 정부가 무책임한 행정을 펼친 결과로 IMF가 야기되었고 심각한 외채 문제를 겪었다. 이후 그 문제를 해결하는 과정에서 신용카드 빚이 늘어났고 전국을 개발한다는 정책에 따라 부동산 부자가 급증했다. 뒤이어 부자감세 정책까지 겹치면서 20년도 채 되지 않는 시간 동안 소득 양극화는 매우 심각한 지경에 이르렀다.

네 번의 정권을 거치면서 복합적으로 나타난 부정적인 결과들은 정부의 책임을 묻기에 충분하다. 따라서 사회복지와 관련해 정부 지출을 확대할 필요가 있다. 우리나라의 복지예산 비율은 GDP 대비 평균 7.4퍼센트 정도이다. OECD 회원국들의 평균은 21.2퍼센트이다. 우리나라의 장애인 예산은 OECD 34개국 중 하위 3위이며, GDP 대비 0.5퍼센트에 불과하다. 우리나라 지방자치단체의 복지 예산이 거의 50퍼센트에 육박하는 데 반해 장애인 관련 예산은 극히 적다는 것은 아이러니하다.

정부 지출 확대가 이루어져도 우리나라에는 수출경쟁력이 높은 기업체들이 많아 세금을 징수할 수 있다. 따라서 정부 세입에는 큰 문제가 없을 것이라고 판단된다.

종교기관

종교기관의 본질은 사회에 공헌하는 데 있다. 세계적으로 공인된 종교들(불교, 기독교, 천주교, 유교, 이슬람교 등)의 거의 모든 창시자는 사회봉사를 주창했다. 따라서 종교기관들이 사회복지 예산의 일부분을 부담하는 것은 타당하다. 현재 1년에 현금이 1000억 원 이상 들어오는 초대형 교회도 있고, 100억 원 이상 들어오는 사찰도 있다. 이러한 부자 종교기관들은 종교 본래의 목적인 사회공헌에 적극적으로 나서야 한다.

부자

부자들이 기부를 하는 목적은 크게 네 가지로 나눌 수 있다. 첫째는 기부 사실을 세상에 알려 자신의 특정한 목적을 달성하려는 것이다. 정치가들이나 정치 지망생들이 거액을 기부하겠다는 뜻을 밝히는 것은 '기부할 테니 표를 주시오'라는 정치적 의도가 있기 때문이다. 특히 선거를 앞두고 재산을 헌납하겠다고 발표하는 것은 개인적인 가치 상승을 위해서지, 기부 본연의 목적인 순수한 사회적 가치 증대를 도모하는 게 아니다.

둘째는 증여세나 상속세를 적게 내면서 자신이 오랫동안 통제할 수 있는 방식으로 재단을 만들어서 기부하는 행위이다. 국가법에 정해진 대로 회사의 주식 일부를 자신이 영향력을 행사할 수 있는 재단(장학재단, 복지재단, 기타 재단)을 만들어서 거기에 기부하는 것이다. 물론 재단에 기부된 돈을 자신의 100퍼센트 사적인 용도로 사용하지는 않지만, 많은 경우에 자신의 간접 이득을 위해 재단을 활용한다. 대한민국 부자들 수천 명이 이러한 목적의 재단을 소유하고 있다.

셋째는 특정한 목적이나 기부금을 직접 통제하겠다는 의도는 없으나, 벌어들인 돈만큼 세금을 많이 내야 하니 폼이라도 잡아보겠다는 것이다. 기부를 하면 세금도 적게 내고 내 이름이 언론에서 언급되니 기분이 좋을 수밖에 없다. 그러나 이 경우 순수한 동기가 없으니 그다지 가치 있는 기부라고 하기 어렵다. 또한 세금은 정해진 대로 걷는 반면 기부금은 총액의 일부가 세금으로 감면되는 만큼 국가 전체적으로 볼 때 기부보다는 세금을 충실히 내는 게 더 이득이다.

넷째는 아주 순수하게 사회를 위해서 하는 숨은 부자들의 선행이다. '기부했다는 사실을 숨기고(무기명 기부), 세액공제도 받지 않는' 경우가 여기에 해당한다. 이러한 부자들의 기부가 현재보다 1만 배는 더 늘어야 한다.

국가의 입장에서 볼 때 기부보다 세금이 더 유용하다는 것은 앞에서도 말한 바 있다. 그렇더라도 기부는 훨씬 더 많이 늘어나야 한다. 특히 실패한 부자들이 실패를 참회한다는 의미에서 자발적인 기부를 해주길 바란다.

전 국민

전 국민이 사회복지 비용을 부담하기란 거의 불가능한 일이다. 우리나라에서 세금은 투명한 유리 지갑을 지닌 직장인과 일부 자영업자, 그리고 부자들이 낸다. 세금을 전혀 내지 않는 국민의 숫자가 상당히 많은 상황에서 전 국민이 사회복지 비용을 부담하라는 것은 말도 안 되는 얘기다.

사회복지에 공헌한 부자들을 인정하는 사회

정부나 종교기관은 공익 주체들이므로 당연히 사회복지 활동에 매진해야 한다. 그러나 부자는 다르다. 따라서 부자에게 도움을 받았다면 그의 공헌을 인정해주어야 한다.

거액의 개인 재산을 기부한 부자들의 이야기가 들려올 때가 있다. 좋은 일이다. 앞으로는 개인 기부가 훨씬 더 활발해져야 한다.

2005년 세계은행 보고서와 2008년 우리나라 국세청 자료를 분석한 결과 국가별 GDP에서 개인 기부 규모는 미국이 1.67퍼센트, 영국이 0.73퍼센트, 캐나다가 0.72퍼센트, 호주가 0.69퍼센트, 남아공이 0.64퍼센트, 우리나라는 0.54퍼센트였다.

사회복지를 위한 기부보다는 세금 납세가 훨씬 더 중요하다는 것은 여러 번 말해도 부족하다. 세금은 정부가 걷어서 공적으로 활용하나, 기부는 받는 단체가 사적으로 활용하는 경향이 강하다. 즉 기부한 돈은 대개 재단으로 들어가 사적인 용도로 사용되지만, 세금은 정부로 들어가서 공적인 용도로 사용된다.

어떠한 목적으로든 기부를 한 사실이 세상에 알려지면 갑자기 많은 사람들이 찾아와 다음과 같은 말을 한다.

"좋은 일을 많이 하시는데 우리가 표창을 하겠다."

"자신들에게도 기부를 하라."

나쁘지 않은 일이다. 부자가 순수한 동기에서든 다른 숨겨진 동기에서든 기부를 하면 사회에서 그를 칭찬해주는 게 좋다.

"얼마나 돈이 많으면 수천억 원씩 기부하느냐?"는 비아냥이 아니라 "우리 전 국민이 낸 기부금보다 더 많은 돈을 내주다니 독립투사만큼 훌륭하다"는 찬사가 나올 수 있도록 깨끗한 부자들과 그들을 칭찬하는 빈자들이 많아져야 한다.

05
재벌부자와 중견부자

대기업과 중소기업의 양극화 문제

우리나라는 1960년대부터 2000년대까지 대기업을 위주로 한 국가 경영을 해왔다. 이제는 방향을 선회할 때이다. 전 세계를 상대로 경쟁력을 갖춘 대기업들이 많이 생기면서 국가경제에서 수출이 80퍼센트를 넘는 비중을 차지하고 있다. 이제는 대기업이 내수의 비중을 확 줄이고 해외 수출에 집중하도록 정부가 유도해야 한다.

정부는 외환정책으로 우리나라 대기업 수출 제품들의 가격경쟁력을 높였고, 금리정책으로 대기업 자금 대출을 지원했다. 그 결과 재벌 대기업들은 단군 이래 최고의 호황을 누리면서 최대 이윤을 얻을 수 있었다. 그러나 대기업의 하청 중소기업체들에게는 박한 대접을 해서 중소기업의 이윤이 줄어들었다. 대기업이 최저임금제도를 전향적으로 받아들일 여지는 충분히 있다. 물론 단기간에 최저임금을 대폭 상승하면 장기적인 경쟁력 약화 요인으로 작용할 수도 있으나 대기업들은 이를 흡수할 수 있는 다양한 수단들(구조 개선, 신사업 발굴, 정책 지원에 의한 혜택 등)이 있어서 크게 문제가 될 것 같지 않다. 또 중소기업을 압박해서 초과 이익을 얻은 것의 일부는 중소기업에 돌려주어야 한다. 해외 수출 창조를 통해 다른 이득을 볼 수 있는 것이 대기업이다. 다만 이렇게 하지 않는 근본적인 이유는 대기업들이 힘이 없는 중소기업과 근로자들을 더욱더 눌러서 초과 이득을 장기간 향유하겠다는 '대기업 위주의 부자 정신' 때문이다.

중소기업은 현재보다 고유 영역을 훨씬 더 많이 늘려서 중소기업이 내수의 주축으로 자리 잡도록 노력해 대기업이 수출 전선 확대에 치중하도록 유도해야 한다. 대기업의 계열사들을 현재의 3분의 1 이하로 축소하면서 대기업은 대형화에 신경을 쓰고, 중소기업은 전문화를 지향할 필요가 있다.

정부는 전 국민 고용의 90퍼센트 이상을 차지하고 있는 중소기업을 과거 대기업에 특혜성 지원을 했듯이 지원해야 한다. 물론 우량 중소기업에 한정해야 한다.

금융기관들은 가계 대출을 줄이고 우량 중소기업과 가망 중소기업을 대상으로 한 대출을 늘려야 한다. 우량 중소기업들에게 현재보다 세 배 이상 되는 자금을 초저리로 대출해준다면 원천기술 개발에 집중할 수 있을 것이다. 우량 중소기업과 가망 중소기업에 대한 신용카드 수수료를 1퍼센트 이하로 낮추는 것도 효과적이다.

경쟁력이 있는 강력한 지자체들(이를테면 서울시, 경기도 등)은 중소기업 특별 지원책을 강구해야 한다. 전국 가게 빚의 30퍼센트 이상은 서울 시민들이 진 것이라고 한다. 서울 시민들이 강소형 중소기업에 취업하도록 지원하는 정책을 펼친다면, 그들이 가계 빚을 갚아나가는 데도 도움이 될 것이다.

재벌부자의 이중성

우리나라에서는 부자라고 하면 많은 사람들이 재벌을 떠올린다. 수적으로 재벌은 극소수이나 그들이 가진 영향력은 실로 엄청나다. 보통 우리나라에서 이야기하는 30대 재벌을 넘어서 100대 재벌까지를 포함해도 총수와 가족들의 수는 수천 명에 불과하다. 그러나 그들이 점유한 부의 총액은 1000만 명이 넘는 서민들의 총재산보다 훨씬 더 많다.

재벌은 국가에 지대한 공헌을 하면서도 사회적으로 심각한 패악을 저지르는 존재이다. 따라서 재벌의 국가적 공헌만 찬양하는 것이나, 재벌의 무차별적 악마적 작태만을 비난하는 극단적인 견해는 올바르지 않다.

재벌을 근절시키면 대한민국이 극락이나 천국과 같은 유토피아가 될까? 현재의 100대 재벌을 모두 없애면 다른 100대 재벌이 생길 게

뻔하다. 인류 역사상 재벌과 같은 거부는 언제나 있어왔고, 그들을 근절시키는 것은 사실상 불가능하다. 우리나라의 경우, 재벌이 초고속으로 성장하면서 국가도 함께 발전해왔다. 만약 재벌이 없었더라면 우리의 소득은 지금도 몇천 달러에 불과할 것이다.

그러나 문제는 재벌이 공룡보다 더 크게 성장하는 과정에서 흉측한 모습으로 자라버렸다는 데 있다. 국가적 부를 집적시키기 위해서는 강력한 추진체가 필요하다. 그래서 탄생한 것이 재벌이다. 그동안 재벌은 거대한 성곽을 쌓고 자기반성이 없는 상태에서 무분별하게 변질되었다.

대통령의 임기는 5년이지만 재벌 총수의 임기는 따로 있지 않다. 재벌 총수는 장기간 초권력으로 군림하면서 그룹 내 수만에서 수십만 명의 직원들을 통제하고, 수백 개에서 수천 개가 넘는 협력업체들과 카르텔을 형성하면서 통제되지 않은 부의 길로 달려왔다.

일감 몰아주기로 나타난 재벌오너 가족의 초과 소득 쟁취는 엄청난 문제이다. 또한 회사 자금을 개인금고로 사용해온 것도 문제이다. 주주에게 돌아가야 할 몫을 주주의 일부인 대주주가 무차별하게 획득한 행태는 비난받아야 마땅하다.

동네를 장악한 중견부자의 사회적 영향력

동네에서 부자라고 일컬어지는 사람들은 대개 한의원, 주유소, 가

전대리점, 중형 슈퍼마켓, 음식점 등을 해서 돈을 벌었다. 이들 중 일부는 세금을 제대로 신고하지 않고 무자료거래를 하고 있다. 또한 다양한 방법으로 소득을 탈루하기도 한다.

의사와 약사 또한 부자인 경우가 많다. 실제로 설문조사와 개업 자금 등의 명목으로 제약업체에게 많은 금품을 받아온 의사와 약사 1000명 이상이 면허정지를 당한 바 있다. 공정거래위원회의 추정에 의하면, 제약업체들이 의사와 약사에게 약 3조 원을 리베이트로 사용했을 것이라고 한다. 소비자들이 지불하는 약값을 올린 대가로 부자가 된 사례이다.

동네의 중견부자들은 재벌보다는 나쁜 행위를 훨씬 적게 한다. 재벌들은 큰손답게 거악을 저지르지만 동네 골목부자들은 남들보다 조금 더 나쁜 짓을 하는 정도이다.

누가 더 바람직한 부자인가

재벌부자와 골목부자 중에서 누가 더 사회에 바람직한 일을 할까? 정답은 골목부자이다. 그 이유는 다음과 같다.

첫째, 골목부자는 사회에 기부금을 낼 때 개인의 돈으로 내는 경향이 크다. 골목부자의 대부분이 개인사업자 형태의 중소기업 소유주이다. 가끔 법인의 형태로 사업을 하는 이들도 있으나 규모가 그다지 크지 않아서 많은 돈을 기부하기가 힘들다. 반면 재벌부자들은 대개 법인 자금으로 기부를 한다. 가령 어떤 그룹이 100억 원을 기부했다며 대표자의 이름을 거론하는 기사를 볼 수 있다. 언론에서는 그의 선행을 대서특필한다. 그런데 대부분의 경우 기부금은 재벌 회장 개인이 아니라 회사에서 나온다. 공금으로 기부를 하면서 재벌 회장들이 생색을 내는 것이다.

둘째, 재벌부자는 말로는 좋은 일을 한다고 하지만 직접 몸으로 좋은 일을 하는 경우는 거의 없다. 재벌 회장이 법정 판결 때문이 아니라 자발적으로 달동네에 가서 봉사를 하는 모습을 본 적이 있는가? 가끔 그룹 회장이 저소득층이 사는 동네에 가서 봉사를 하는 일이 있긴 하다. 하지만 그마저도 홍보 목적이고, 다음번에는 절대로 가지 않는다. 이것은 무슨 뜻일까? 재벌 회장들은 기념사진을 찍고 방송 분량을 확보할 정도의 봉사를 눈속임으로 하는 경우가 대부분이다. 반면 골목부자는 언론에 잘 나지도 못한다. 하는 일도 직접적이고 단순하다. 동네에서 독거노인에게 매일 요구르트를 배달하는 일을 돕는 식이다. 왜 이 일을 하느냐고 물으면 혼자 계신 동네 어르신들은 세상을 떠나도 주위 사람들이 알지 못하니 걱정이 되어서라고 대답한다. 매일 잠깐씩 시간을 내 요구르트를 배달하면, 어르신의 건강 상태와 생사를 확인할 수 있다는 것이다. 대한민국 역사에서 재벌 회장이 직접 요구르트를 배달한 적이 있었을까?

셋째, 재벌부자는 자기 스스로 재산을 모았다고 잘못 생각하기 쉽다. 자신의 영도력이 탁월해서 그룹이 승승장구했고, 수많은 계열사를 거느리면서 많은 일자리를 창출했다고 판단한다. 그러나 재벌이 성장할 수 있었던 데는 재벌 회장의 지도력뿐만 아니라 임직원들의 노력, 정부의 지원, 해외 환경 등의 요인이 있었다. 반면 골목부자는 자신의 노력보다는 주위, 특히 동네에서 도와주었기에 자신이 부자가 될 수 있었다며 겸손한 태도를 보이는 경우가 많다. 돈을 벌고 모으는 일이 얼마나 힘든지 직접 경험해 잘 알고 있기 때문이다.

대한민국 사회에는 부자가 필요하다. 그중에서도 골목부자가 재벌부자보다 사회적으로 훨씬 더 바람직한 부류이다.

물론 진정으로 사회에 봉사하는 재벌부자들도 없지는 않다. 한 스님은 내게 다음과 같은 요지의 이야기를 들려주었다. 대한민국에서 손꼽히는 재벌그룹 회장의 부인이 자식을 먼저 보내는 아픔을 겪었다. 스님도 그 부인이 과거에는 어떻게 생활했는지 잘 모르지만, 그녀는 반드시 절과 멀리 떨어진 곳에 승용차를 세우고 걸어서 봉사활동을 하러 온다고 한다. 그러고는 3만 원의 회비를 내고, 자신의 정체를 숨긴 채 부엌에서 직접 허드렛일을 한다고 한다. 거만한 재벌부자들이 본받을 만한 태도이다.

대기업은 해외에서, 중소기업은 국내에서 가치를 창출하자

가치활용과 사회만족은 부자학의 두 가지 핵심 논제이다. 그런데 재벌 대기업들의 이기적인 행태는 가치활용 측면에서는 우수할지 모르나 사회만족 측면에서는 낙제점이다. 가치활용의 근본인 사회 구성원의 대부분이 빈자임을 무시하는 처사이기 때문이다. 수출로 대부분의 돈을 버는 재벌그룹이라고 해도 자신의 뿌리가 한국에 있음을 잊어서는 안 된다.

부자가 되는 가장 좋은 방법은 '창조'이다. 스스로 창조할 수 있는 대기업은 전부 해외를 목표로 사업을 벌이고, 우량 중소기업과 가망 자영업자들이 내수를 책임일 수 있도록 적극 지원해야 한다. 과거에 특혜를 받아 비대해진 대기업들은 아프리카와 남미로 가 경제전쟁에 참여하게 하고, 쓸데없이 떡볶이 장사나 소형 슈퍼 사업에 뛰어들지 못하게 만드는 것이다. 원천기술 개발이 가능한 우량 중소기업에게는 현재보다 3배에서 5배 정도의 자금을 지원해주면 중견기업이 될 수 있다. 가망 자영업자들에게 법인세를 10퍼센트 이하로 낮추어주고 법인화를 유도하면 경제가 살아날 것이다.

또한 중소기업 전용 홈쇼핑을 5개 정도 늘리면, 국가에서 거의 투자를 하지 않고도 전국 중소기업체들의 판로가 창출된다. 정부가 부유한 대기업 대신 가난한 중소기업을 위하는 정책을 펼친다면 바로 가능한 일들이다.

우리나라의 자영업자가 500만 명을 넘어섰으며 그 수는 계속 증가하고 있다고 한다. 이러한 현상은 실패자가 늘어날 위험이 높아진다는 문제를 가지긴 하지만, 반대로 미래의 부자가 늘어날 수 있다는 뜻도 된다. 아무리 노력해도 안 되는 대기업과 공무원 취업에 목을 매는 것은 어리석은 짓이다. 청년인턴제를 활용해 중소기업에서 일하며 창조적인 아이템을 찾고, 창업을 해 자수성가하는 패기 찬 젊은이들이 늘어나기를 바란다. 능력 있는 지자체들이 청년 벤처와 은퇴한 자영업자 지원에 현재보다 열 배 이상의 지원을 해야 할 시점이다.

06

부자감세와 부자증세

세금을 많이 내는 나라가 행복하다

조세부담률이라는 개념이 있다. 국민총생산에서 세금이 차지하는 비중을 말하는데, 보통 선진국이 후진국보다 훨씬 더 높다. 조세부담률이 높은 나라가 행복한 나라라는 말도 있다. 영국의 레가텀연구소가 공표한 자료에 의하면, 국민의 조세부담률이 가장 높은 나라 순위에서 덴마크, 핀란드, 노르웨이, 스웨덴이 1~4위를 차지했다. 이들 나라는 실제로도 행복한 국가라고 알려져 있지 않은가.

스웨덴은 대기업에 많은 세금 혜택을 베푸는 동시에 개인에게는 많은 세금을 징수한다. 이렇게 하면 기업은 세금을 적게 내면서 지속적으로 발전하고, 부자 사장은 개인소득세를 많이 내면서 사회복지에 힘을 보탤 수 있다.

우리나라의 조세부담률은 18퍼센트 정도로 상당히 낮은 편이다. 경제규모가 세계 10위권 안에 들면서 조세부담률을 높이자는 주장들이 나오고 있는 실정이다. 특히 지난 20~30년간 고액 소득자들이 급속히 늘고 있어서 이들의 세금 부담을 늘리자는 주장이 강하다.

1990년대만 해도 우리나라에는 1조 원이 넘는 개인 재산을 가진 사람들이 거의 없었다. 그런데 2000년대에 들어서면서 10조 원에 육박하는 자산을 가진 거부들이 나타나면서 천문학적인 재산 증가를 보이고 있다. 이들이 매년 올리는 개인소득이 수백억 원 이상이라는 발표도 나왔다.

2008년 조세연구원의 조사에 의하면 우리나라에서 성실하게 세금을 내려는 의식을 지닌 사람들은 응답자들 중 약 52.2퍼센트였다.

미국은 개인이 부자고 국가는 빈자다. 세계 최고의 부자들이 즐비한 미국은 세계 최대의 채무국이다. 일본은 회사가 부자고 개인은 가난하다. 우리나라는 대기업은 부자고 중소기업은 경제적으로 힘들다.

그렇다면 어떻게 해야 빈부 격차를 줄일 수 있을까? 소득세를 올려야 한다. 미국 프린스턴대학교의 경제학 교수로서 노벨경제학상을 받은 폴 크루그먼은 1950년대에 미국에서 빈부 격차가 줄어든 데는 두 가지 이유가 있다고 주장했다. 하나는 부자들에 대한 세금증세인데 루스벨트 대통령은 첫 번째 임기 때 부자들의 소득세 상한을 63퍼센트로, 두 번째 임기 때는 79퍼센트로 올렸다. 1950년대 중반에는 부자들의 소득세 상한이 91퍼센트까지 올랐는데, 이것이 빈부 격차 감소의 주요 원인이라는 주장이다. 또 다른 이유는 강한 노동조합 운동의 결과로서 노동자 임금이 상승한 것이다.

한때는 영국도 부자들의 소득세 상한을 85~90퍼센트까지 올렸고, 스웨덴도 75퍼센트까지 상향했다. 이때는 빈부 격차가 상당히 적었다고 한다.

그러나 그 후 신자유주의가 강세를 보이면서 소득세 상한이 낮추어졌고, 인류 역사상 최대의 빈부 격차 현상이 나타나고 있다.

누가 더 세금을 많이 내야 하는가

빈자와 부자 그룹들 중 어느 쪽이 더 많은 세금을 낼까? 1인당 개인소득세만으로 따지자면 부자가 빈자보다 훨씬 더 많은 세금을 낸다. 그러나 소득 금액 중에서 개인별 세금 납부 비율을 추산해보면 빈자가 부자보다 더 많은 세금을 낸다는 사실을 알 수 있다. 부가가치세로 따져보아도 소득 금액 중에서 빈자가 내는 세금 비율이 부자가 내는 세금 비율보다 많다.

미국에서는 소득 상위 30퍼센트 정도가 전체 세금의 약 90퍼센트를 납부한다. 그것도 누진세율이 적용되는 거의 모든 직접세를 통해 부자들이 많은 세금을 내고 있다.

미국의 경우, 1년에 부부가 합해서 약 25만 달러(우리 돈으로 약 3억 원 내외) 이상을 버는 비율은 전체 인구의 약 2퍼센트이다. 오바마는 그들에게 세금을 감면해주는 것이 바람직하지 않다고 판단, 세금감면 정책을 폐지했다.

프랑스에서는 국가재정 적자를 해소하기 위해 부자들이 스스로 나서서 세금을 더 내겠다고 청원했다. 로레알그룹의 상속녀, 에어프랑스의 사장 등 16개 기업의 대표들이 특별 기부exceptional contribution를 하겠다고 자원했다. 프랑스의 사르코지 대통령도 부자감세 정책을 철폐하겠다고 발표했다.

영국의 자유민주당은 부자들에게서 더 많은 세금을 거두어야 한다고 주장한다. 구체적으로 살펴보자면 그들은 부자 동네에서 판매되는 주류에 많은 세금을 부과하고, 많은 땅과 고급 주택을 소유한 부자들에게 토지세와 주택보유세를 더 낼 것을 요구한다.

독일의 일부 부자들은 금융자산이 7억 7500만 원 이상인 부자들에게 2년간 금융자산 총액의 5퍼센트에 해당하는 금액을 부유세로 매기자고 주창했다. 벨기에에서도 부자증세를 더 해야 한다는 주장이 나오고 있다. 이탈리아의 부자인 페라리 회장도 부유세를 부과해야 한다는 발언을 했다. 이제 우리나라도 세계적인 추세에 따라 부자증세를 해야 한다.

내가 부자들에게 세금을 더 부과하자는 주장에 찬성하는 이유는 다음과 같다. 미국, 일본, 독일 등 선진국들과 비교할 때, 우리나라에는 단기간에 급속하게 성장한 부자들이 많이 산다. 부란 사회 시스템과 함께 발전해나가는 것이다. 미국의 산업 시스템은 수백 년에 걸쳐 웬만큼 노력하면 엄청난 부를 이룩할 수 있을 정도로 발전했다. 그러나 우리나라의 부의 시스템은 그렇지 않다. 앞으로 부의 시스템이 미국식으로 잘 발전해나간다면 현재의 한국 부자들은 엄청난 부를 이룰 수 있다. 수십 년 이내에 100조 원이 넘는 자산을 가진 부자 몇 명이 나올 가능성도 충분하다.

그동안 우리나라의 산업 시스템이 뒷받침해주지 않는데도 부자들이 부를 이룰 수 있었던 것은 허술한 금융 시스템과 현찰 위주의 비신용 사회, 비교적 저임금을 받는 노동력 덕분이다. 지금도 그렇지만 사회·경제적 상황이 부자들에게 상당히 많은 도움을 주었던 것이다.

법인과 개인이 잘 구분되지 않는 것이 우리나라이다. 아직도 법인 소속의 직원들 수십여 명이 재벌오너의 집사부터 비서까지 담당하는 모습을 볼 수 있는 게 우리나라의 실정이다. 재벌그룹의 오너인 우리나라 부자는 각종 특권을 누리며 호의호식한다. 만약 그의 개인 재산이 1조 원이라고 치면 실제로는 수조 원의 가치를 가지는 셈이다.

외국은 우리나라와 전혀 사정이 다르다. 회사 대주주가 업무상 1억 달러를 사용하는 것은 용인되지만, 자기 부인과 100달러짜리 음식을 먹고 회사 돈으로 지불하면 큰 문제가 된다.

앞으로 회사 돈을 마음대로 쓰는 부자들에게는 개인 돈에 대한 세금을 지금보다 훨씬 더 많이 매겨야 할 것이다. 개인소득세율을 현재의 30퍼센트대에서 60퍼센트대까지 올려도 우리나라의 부자는 거의 타격을 받지 않는다.

빈자들의 돈 덕분에 재물을 쌓은 부자들이 많다. 부자는 부자의 돈을 받아서가 아니라 빈자에게 무엇인가를 팔아서 돈을 벌었다는 사실을 잊어서는 안 된다.

따라서 부자가 자신에게 돈을 벌게 해준 (빈자들로 구성된) 사회에 도움을 주는 것은 선택 사항이 아니라 의무 사항이다. 부자는 어떠한 조건도 달지 말고 사회를 위해 무엇인가를 해야만 한다.

증세를 회피하기 위해 부자들은 많은 일들을 한다. 재산을 해외로 빼돌리거나 자기통제 하에 있는 재단으로 이전시키고, 심지어는 차명계좌를 활용해서 몰래 숨기는 경우도 비일비재하다. 이제는 재단에 대한 사회의 시선이 따가워졌고, 국세청에서는 해외 자금을 조사하기 시작했다. 차명계좌를 밝혀내려는 노력들도 추진 중이다. 이러한 상황에서는 예전만큼 비리를 저지르기가 힘이 든다.

그러나 아직도 현찰 거래가 부지기수이고, 100조 원이 넘는 비자금이 국내와 해외에 묻혀 있는 상황이다. 이럴 때일수록 부자들에게 증세를 해서 부담을 느끼게 하는 방법이 바람직하다.

단, 이러한 상황이 현실화되면 부자가 추가로 내는 세금으로 인해 혜택을 본 빈자들은 그들에게 최소한의 고마움을 표시해야 한다. 서민들은 '부자인 만큼 당연히 세금도 많이 내야지' 하고 비꼬기보다는 '저 돈을 벌기 위해 고생을 했을 텐데 세금을 많이 내 사회에 도움을 주니 고맙다'라는 인식을 가지고 있어야 한다.

정부가 부자감세 정책을 펼칠 경우, 그 혜택은 부자들에게 선별적으로 돌아간다. 반면 그로 인한 부담은 다수의 국민이 져야 하는 문제를 가진다. 종합부동산세의 혜택은 전국의 지자체들이 다 받고 있는데, 종합부동산세를 감세할 경우 서울의 강남구 등 부자들의 주민들이 거의 모든 혜택을 받는다. 그리고 그 부담은 전 국민이 질 수밖에 없다.

부자가 아닌 전 국민에게 감세를 해주어도 상황은 비슷하다. 부자는 감세로 인한 이득을 비생활비로 사용하나(생활비는 충분하므로 감세된 금액을 투자한다), 빈자는 생활비로 사용한다. 따라서 부자감세를 해주면 경기가 살아난다는 주장은 현실적으로 맞지 않다. 부자들이 명품이나 고급 차를 사면 경기회복에 도움이 된다는 주장도 있는데 이는 잘못된 생각이다. 부자들은 국내가 아니라 뉴욕이나 홍콩 등에서 명품을 매입하고, 회사가 리스로 매입한 고급 차를 타고 다니기 때문이다.

국회예산정책처에서 발표한 바에 의하면 최근 5년간 90조 원의 세수가 부자감세로 줄었다고 한다. 우리나라 국내총생산의 80퍼센트 이상이 세금인데, 국내총생산보다 최소 다섯 배 이상 규모가 큰 전체 부동산에서 걷히는 세금은 20퍼센트가 채 되지 않는다. 대한민국의 거의 전 국민의 재산이 부동산에 치중되어 있어서다. 따라서 부동산 재산이 너무 많은 사람들(가령 집이 100채 이상인 사람들, 빌딩이 10개 이상인 사람들, 10만 평이 넘는 땅을 가진 사람들 등)을 상대로 부유세를 걷는 게 공평하다.

우리나라 국내총생산에서 지하경제의 규모가 약 17~18퍼센트에 달하는 것으로 추정된다. 지하경제의 대부분은 부자가 숨긴 돈으로 이루어졌다는 주장도 나오고 있다.

만약 부유세를 부과하면 국내의 최상위 부자 계층들만이 부유세의 대상이 된다. 전 국민의 0.5~1퍼센트가 대상이 되는 것이다.

그러나 부유세는 신중하게 걷어야 한다. 자칫 잘못하면 로빈 후드 효과Robin Hood effect가 나타날 수 있다. 의적인 로빈 후드는 부자들의 재산을 훔쳐서 가난한 이들에게 나누어 주었다. 그러자 전부 장사꾼이었던 부자들이 다른 곳으로 가버렸고, 물건이 모자라자 물가가 치솟았다고 한다. 결과적으로 의로운 행동이 가난한 이들을 더욱 어렵게 만든 것이다.

실제로 과거 유럽에서 부유세를 부과하자, 부자들이 나라를 떠나는 문제가 발생했었다. 우리나라도 예외가 아니어서 부유세를 부과할 경우 세계 곳곳에 재산을 숨겨둔 부자들이 국적을 바꿀 위험이 있다. 즉, 잘못 시행하면 국가에 이득보다는 손해를 가져오기도 한다.

부자들이 많이 하는 주식거래 양도에 관해 세금을 매기자는 주장도 나오고 있다. 현재는 0.3퍼센트의 증권거래세를 부과하는데 이는 소득이 있어야 세금을 매긴다는 원칙에 어긋난다. 주식투자에서 손실을 보아도 거래세를 내야 하기 때문이다. 따라서 주식투자에서 이익을 얻은 경우에 한해서 세금을 부과해야 한다는 주장도 있는데, 그러려면 기술적으로 모든 투자자들의 주식 매매 현황을 분석해야 하므로 말처럼 쉬운 일이 아니다. 현재는 대주주들의 거액 거래에 한해서 부과되는 세금을 높이는 게 좋다. 파생상품에 대한 신규 세금의 부과도 고려할 필요가 있다.

부가세를 인상하자는 주장도 나오고 있는데, 이는 전 국민의 소비와 직결되는 것이어서 현재로서는 인상이 불가능하다고 판단된다. 10퍼센트나 되는 현재의 부가세도 높은 편인 데다 무자료거래가 성행하는 상황에서 부가세를 더 올리면 무자료거래로 인한 지하경제가 훨씬 더 음성화될 가능성이 높다.

현재 우리나라에는 3000만 원 이상의 고액 세금 체납자가 3만 명에 달한다. 수십억 원의 탈세를 한 부자들은 "극형에 처해야 한다"는 어느 할머니의 주장이 떠오른다. 80년이 넘도록 혼자 살면서 온갖 고생을 해 모든 부동산을 대학에 기부한 그 할머님은 내게 "국가에 손해를 끼치는 인간은 엄벌에 처해야 한다"고 말씀했다.

왜 우리나라에는 자진해서 세금을 더 내는 부자가 없는가

미국의 대부호인 워렌 버핏은 자신과 같은 부자들에게 세금을 더 물려야 한다고 주장해서 전 세계에 파장을 일으킨 적이 있다. 이 말에 자극을 받은 독일과 프랑스의 몇몇 부자들도 부자들에게 더 많은 세금을 걷어야 한다고 주장한 바 있다.

그런데 우리나라에서 세금을 더 내겠다고 자청한 부자는 이제껏 없었다. 실제로 있었을지도 모르나 언론매체에서 그러한 소식을 들은 적이 한 번도 없는 게 사실이다. 이는 부자들의 부에 대한 인식 수준이 낮아서 생긴 결과이다. 문제의 핵심은 부의 원천이 자기 자신에게 있다고 생각하는 데 있다. 부는 기본적으로 부를 추진하는

자의 개인적인 특성들(창의력, 노력, 인내, 끈질김)과 사회 복합적인 원인들(사회 시스템, 각종 제도, 국가의 보호)과 알 수 없으나 영향을 미치는 요인들(자연의 덕택, 종교적 이유, 운)이 결합해 생긴다.

부가 100퍼센트 자기 자신에 의해 획득된다고 생각하는 이들은 온갖 방법을 동원해 돈을 번다. 부를 지키기 위해서라면 어떤 일이든 서슴지 않고 저지르기도 한다.

인류의 역사가 기록되기 시작한 이후 발견된 거의 모든 문헌에 공통적으로 나오는 내용이 있다. 바로 빈부 격차가 정도를 넘으면 반드시 혁명이 뒤따랐다는 것이다. 영국, 미국, 프랑스, 러시아 그리고 우리나라(이를테면 동학혁명)에서도 그러한 일이 일어났었다.

극심한 빈부 격차로 인한 빈자들의 부정적인 인식과 반발을 잠재울 수 있는 가장 좋은 방법은 '부자들이 세금을 많이 내는 것'이다. 미국의 일부 백만장자들은 왜 세금을 더 내겠다고 자청했을까? 특별히 자비심이 많아서였을까? 아니다. 세금을 더 내는 것이 자손들에게 더 유리하다고 생각했기 때문일 것이다. 우리나라의 부자들은 이 점을 곰곰이 생각해볼 필요가 있다.

KI신서 3867

부자학 강의

1판 1쇄 인쇄 2012년 4월 3일
1판 2쇄 발행 2017년 8월 25일

지은이 한동철
펴낸이 김영곤 **펴낸곳** (주)북이십일 21세기북스
출판사업본부장 신승철
출판영업팀 이경희 이은혜 권오권 홍태형
출판마케팅팀 김홍선 최성환 배상현 신혜진 김선영 박수미 나은경
제작 이영민 **홍보팀** 이혜연 최수아 김미임 박혜림 문소라 전효은 백세희 김솔이

출판등록 2000년 5월 6일 제406-2003-061호
주소 (10881) 경기도 파주시 회동길 201(문발동)
대표전화 031-955-2100 **팩스** 031-955-2151 **이메일** book21@book21.co.kr

(주)북이십일 경계를 허무는 콘텐츠 리더
21세기북스 채널에서 도서 정보와 다양한 영상자료, 이벤트를 만나세요!
장강명, 요조가 진행하는 팟캐스트 말랑한 책수다 '책, 이게 뭐라고'
페이스북 facebook.com/21cbooks **블로그** b.book21.com
인스타그램 instagram.com/21cbooks **홈페이지** www.book21.com